介護福祉経営士　実行力テキストシリーズ 8

導入から開発、ソリューションまで
ICTが創造する業務イノベーション

岡本茂雄
セントケア・ホールディング株式会社
執行役員

日本医療企画

はじめに

　ICT分野も、介護分野も、今後の成長分野として期待されてから、すでに長い時間が経っています。確かに、それぞれの分野については、成長を遂げ、1つの産業分野にすら成長しました。しかしながら、大きな期待を常に寄せられている介護分野におけるICT事業は、それほど大きな成長を遂げてはいません。

　これには、大きな理由があります。すなわち、介護分野は人の手による心のこもったサービスに重きを置くあまり、業務の標準化やそれにともなう進化がまだ本格的には始まっていないのです。一方のICT分野では、介護分野のこのような状況に対して表面的な理解しか示していないように感じます。

　ICTが入ることにより、介護業務は大きく進化するかもしれません。介護が、地域包括ケアシステムという日本の新たなグランドデザインに移行するとき、ICTの役割は多大なものがあります。この機にあたりなすべきことは、ICTソリューションのみの開発ではなく、ICTソリューションを活用した新たな介護業務の開発であり、改革なのです。

　ICTソリューションの開発とは、介護業務のイノベーションを創造する行為なのです。このため、開発や導入は必然的に、介護業務自体の分析と新たな発明、そして新業務の介護現場への導入であるべきなのです。まずは、関係者の方々にこのことを銘記いただきたいと考えます。

　一方、多くの人間は自分の慣れ親しんだ仕事や手順を改めることに対し、これを嫌います。画期的な介護業務方法とICTソリューションが開発、発明されても、現場への落とし込みの方法を十分に検討しなければ、成功はしません。新たな業務の発明には、丁寧な丁寧な現場への教育と、導入のステップが不可欠なのです。

　本書では、これらの当たり前のことを、ICTソリューションの開発者、ICTソリューションのユーザーなどの方々に十分に認識いただきたく執筆いたしました。また、机上の空論ではなく、筆者が実際に経験してき

たことを中心に執筆し、関係者の方々に臨場感を持ってご理解いただきたいと考えました。

なお、上記の思いにご賛同いただき、ご多忙にもかかわらずJCHO東京新宿メディカルセンター（旧東京厚生年金病院）内科部長の溝尾朗先生には第5章第3節で、新宿区におけるICT利用についてご執筆いただきました。また、医療法人社団鉄祐会祐ホームクリニックの事務局長である園田愛様には第5章第4節で、宮城県石巻市で実践されているご経験から在宅医療とICTにおける非常に価値あるご意見をいただきました。お二方には、ご協力に対しこの場を借りて感謝するものです。さらに、職場の仲間であるセントケア・ホールディング株式会社の牛島美恵子氏、村田絵理沙氏にも介護現場のことを臨場感を持って執筆いただいたことに感謝いたします。

また、このような執筆の機会をいただき、めげそうになる年末にも激励いただきました日本医療企画の志村様にも感謝いたします。

最後に、筆者のような浅学菲才の者の経験が、介護分野でのICTの活用に少しでも役立つことを祈る次第です。

CONTENTS

はじめに

第①章 ICTによる業務イノベーションとは

1 ICTとは？　業務イノベーションとは？　*8*
2 ICT導入の阻害要因　*11*

第②章 ICTを活用した業務改善

1 ICTを活用したソリューションの開発　*34*
2 実際の開発ステップ　*47*

第③章 失敗しないICTの取り入れ方

1 ICTソリューションの導入とそのステップ　*58*

第4章 ICTソリューションを導入した効果

1 ICTソリューションの導入後　*70*
2 ICTソリューション使用の効果　*74*
3 介護分野におけるICTソリューションの導入　*81*

第5章 事例紹介──最先端の現場から

1 介護経営管理サポートシステム『Suisui』導入事例　*94*
2 定期巡回・随時対応型訪問介護看護における
　ICT活用事例　*103*
3 新宿区におけるICTの導入と変遷　*113*
4 最先端の在宅医療ICTソリューション　*125*

第6章 4つの極意──成功への最終手引き

1 ICTソリューションの開発と導入の極意　*134*

ICTによる
業務イノベーションとは

1 ICTとは？業務イノベーションとは？

　まず、ICTとは何でしょうか。──英語では、Information and Communication Technology──情報処理や、通信技術のことを示しています。似た言葉にITがあります。ICTとは、情報技術たるITに加えて、通信（Communication）を含めた言葉です。介護分野では後述するとおり、多職種間の情報連携も重要となっており、本書ではICTを用いることにしました。すなわち、ICT自体は技術に過ぎず、それを使って何をなすのかが重要なのです。何の情報をどのように処理し、どう通信し、どのように活用するかこそが重要であり、そこを忘れて通信のスピードや量を語るケースが多いために、介護分野でICTの活躍があまり見えないのです。

　では、イノベーションとは何でしょうか。ウィキペディアによれば、『イノベーション（innovation）とは、物事の「新結合」「新機軸」「新しい切り口」「新しい捉え方」「新しい活用法」（を創造する行為）のこと。一般には新しい技術の発明と誤解されているが、それだけでなく新しいアイデアから社会的意義のある新たな価値を創造し、社会的に大きな変化をもたらす自発的な人・組織・社会の幅広い変革を意味する』とされています。すなわち、介護分野へのICTの導入とは、ICTと介護が出会うことによる介護分野のサービス、組織、価値観などの変革を目指すことなのです。

　本書の題名である「ICTが創造する業務イノベーション」とは、この業務での活用こそが重要であり、業務にICTソリューションを活用してのイノベーションこそが重要であることを伝えるがための題名です。

さて、それを踏まえて、まずは日本においてICT推進のためにどのような事業が行われているかを見てみましょう。

　図表1-1-1は、総務省で行われているICT成長戦略会議の主な会議です。ここで、早くもICT超高齢社会構想会議なるものに行き当たります。

【図表1-1-1】ICT成長戦略会議の主な会議

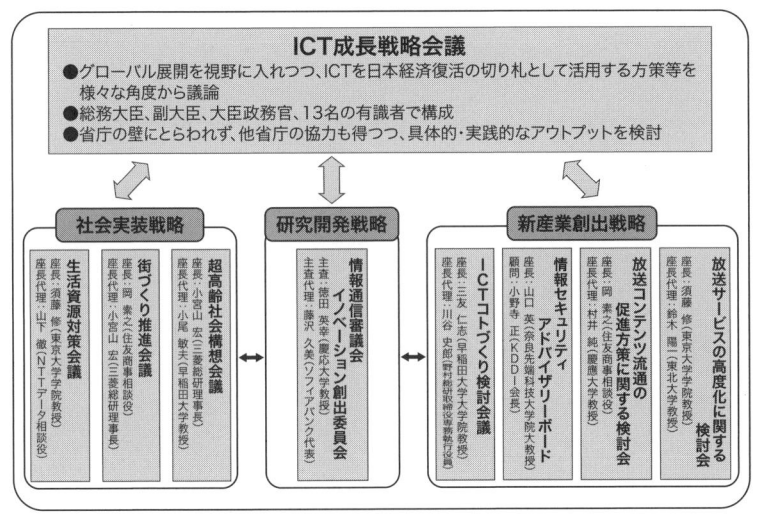

出典：ICT成長戦略会議（総務省）

　日本における超高齢社会とは、単に人口構造が高齢化するだけではなく、生産年齢人口の減少という先進国が史上初めて直面する事態です。すなわち、医療や介護を必要とする高齢者は増大するのに、それを支える医療や介護の担い手の生産年齢人口は逆に減少するのです。この未曾有の事態に対応するためには、新たな仕組みや技術が必要なことは想像に難くありません。このため、政府はICTの医療・介護分野への導入を急いでいるのです。しかしながら、医療・介護を担当する厚生労働省のホームページを見ると、導入への困難

さが見え隠れしてきます。確かに、介護保険制度や特定保健事業などで、電子化は大幅に進みました。しかしながら、これは保険請求などの事務周りへのICTの導入であり、業務そのものへの導入ではありません。研究や補助金事業などでは散見されますが、業務やサービス制度そのものへの導入は見当たらないのが現実です。

2 ICT導入の阻害要因

　なぜ、介護分野でICTの導入が進まないのでしょうか。なぜ、ICTを組み込んだ新たなサービス分野が生まれていないのでしょうか。ここからは、介護現場におけるICTの阻害要因を見ていきましょう。

　図表1-2-1は、介護現場へのICTの導入を阻害する5大要因を示したものです。

　「共通言語がない」「事業規模が、小さい」「ICTリテラシー[*1]が、高くない」「現場業務が、煩雑」「現場の価値観が、ハイタッチ[*2]」となる。個々には、これから見ていきますが、介護医療分野のICT問題はこの5大要因を指摘しなければならないことにこそ問題があります。

【図表1-2-1】ICT活用のための問題点
　　　　　——導入を阻害する5大要因

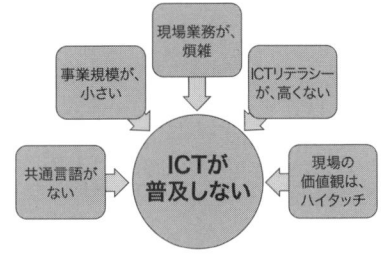

*1　リテラシー：読み書き能力のことで、ICTに関する知識・利用能力のこと。
*2　ハイタッチ：人間同士の心の触れ合いのことで、介護分野での心のこもった手を触れ合うサービスのこと。

　通常の事業化であれば、マーケティング・リサーチをするのが大企業は大好きです。商品やサービスを買う人たちがどんな人たちか、

たとえ外国であってもそこに行って調べてきます。ところが、この介護現場に関しては、厚生労働省の発表する数値を見るだけで市場分析としてしまう。せいぜい努力しても、どこかの調査会社を使うか、大組織が経営している立派で最高の環境にある、そして何よりも先進的とマスコミが扱う老人ホームを見て、市場を理解したと思う。マーケティングを依頼した調査会社すら、高学歴の偏差値の高い人々が数値集めと、現場の責任者からのヒアリングのみで報告書を作成する。要するに、誰も現場の真の姿や、たいへんさを知らない。だから、我々のような現場の人間にとって当たり前のこと、5大要因がいまだに阻害要因として残っているのです。ICTの業者のみなさん、大企業のみなさん、もっと本当の現実を知りましょう、もっと本当の現場に入りましょう。

では、5大要因を一つひとつ見ていきましょう。

【図表1-2-2】ICT活用のための問題点①
**　　　　　──共通言語がない**

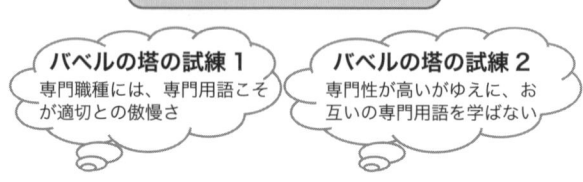

介護現場には、共通言語がないのです（**図表1-2-2**）。公的介護保険制度で、各高齢者の要介護度は認定されますが、それは個々の方へのサービスの総額の上限＝区分支給限度基準額を決めるもので、状態を表すものではありません。介護分野においてICTによって共

有化したい情報とは、状態情報であり、保険情報などの事務的な情報はそのほんの一部に過ぎません。医学の世界だと、身体状況を表す情報は、世界共通です。さらに、その情報の一部は、ユーザーたる一般の方にも共有化されています。たとえば、体温が40度になれば、どの国の医師も異常だと診断し、細胞がダメージを受けないように緊急に体温を下げるために何かを行います。特に不可逆的なダメージを受けやすい脳については、氷枕などで緊急にでも体温を下げます。すなわち、体温40度という状態の定義やリスクの認識が世界共通であり、さらに対処方法までもが共通になっているのです。これは、さらに患者などのユーザー側も、医師などと同じく異常な状態として情報を共有化していることなのです。

　ガンという高度な治療を要する領域においてすら、みなさんは「フェーズⅠで手術しよう」だの、「フェーズⅣだからもうダメかも」などと聞いたことがあるのではないでしょうか。このガンのフェーズも、各部位別のガンで世界共通の診断基準があり、同じ診断ならどの国の医師でも状態情報を認識できるのです。名医でも、今年卒業したばかりの新米でも、フェーズⅠならば外科手術による根治療法を目指し、フェーズⅣならば抗がん剤などで身体全体から転移したがんも含めてすべてのガンに対応することを目指すのです。

　一方の介護現場、ここは多くの職種の方が一緒に働く場所です。しかも、生活の場でもあるために、高齢者本人やその家族も重要なメンバーです。であるがゆえに、共通言語が必要なのです。

　かつて、神は天に届くバベルの塔を作ろうとした人類から、罰として共通言語を奪い、さまざまな言語を与えました。これが、国間、種族間での情報共有にどんなに障害になるかは、英語の苦手な日本人ならば誰しも身に染みて感じていることでしょう。多くの方は、中学からの英語教育にも苦しんだことでしょう。ところが、介護現

場では、バベルの塔のように複数の言語がある状態が、専門性の美名のもと前向きにすら評価されているのです。専門家は、専門用語の情報量の多さに安住し、他の言語に言い換える努力をあまりしません。他の専門職に対して、自分たちのポジションを確保するために専門用語＝相手に通じない用語を大切にしているようにすら見えます。

【図表1-2-3】職種別アセスメントの重なり

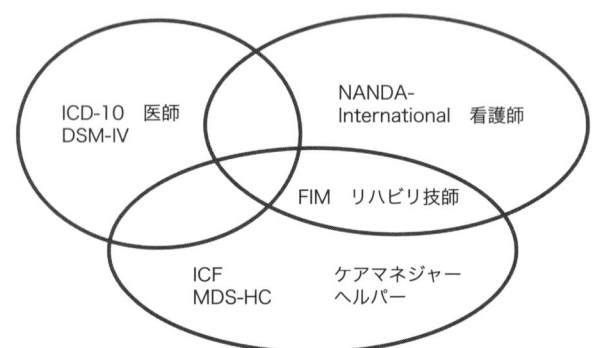

* ICD-10：世界保健機関（WHO）が作成した国際共通の疾病、傷害、死因、保健サービスなどの分類。精神障害領域も含む幅広い疾病などの国際分類。
* DSM-IV：アメリカ精神医学会（APA）作成の精神障害の診断・統計マニュアル。精神障害の範囲で診断基準なども含めた分類マニュアル。
* NANDA-International：北米看護診断協会が開発した看護診断の基準・定義とそれに基づく分類。
* FIM：能的自立度評価表（Functional Independence Measure）の略で、1983年にGrangerらによって開発されたADL評価法。
* ICF：世界保健機関（WHO）が作成した生活機能と障害に関する分類。「心身機能・身体構造」「活動」「参加」の3つの次元及び「環境因子」等の影響を及ぼす因子で構成されている。
* MDS-HC：アメリカでナーシングホーム用として開発されたMDSを、在宅における長期ケアを必要としている利用者に対しても使用できるようにしたもので、包括的なケアプランを作成するための指針。現在は、インターRAI方式と称する。

図表1-2-3は、各職種が使うアセスメント手法という専門用語を現しています。同じ高齢者を、医師はICD-10で疾患名を語り、看

護師はNANDA-Internationalで状態像を語り、リハビリテーション技師はFIM（機能的自立度評価表）で身体能力を語り、ケアマネジャーはICF（国際生活機能分類）で状態や生活能力などを語るなどです。確かに、個々の専門分野においては定義も明確であり、情報量も多い言語なのですが、他職種間での情報の共有化という視点では阻害要因になります。

【図表1-2-4】「安楽な体位」と内容の違い

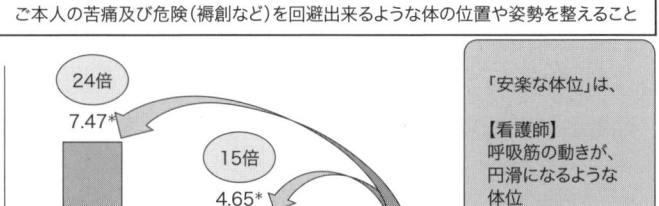

【図表1-2-5】「安楽な体位」の実施

ケア実施者	実施の判断方法の選択	目的	評価
看護師	・観察 ・リスク回避 ☆予測	・良肢位の確保 ・圧迫の除去 ・体位ドレナージ	・発赤部位の改善 ・褥創治癒 ・副雑音消失 ・痰の排出
ヘルパー	・ケアプランの依頼に応える ☆本人の希望	・高齢者が、楽になること	なし

図表1-2-4と**図表1-2-5**は、「安楽な体位」という言葉の意味が、看護師とヘルパーでいかに異なることを意味しているかを示したものです。たとえば、人工呼吸器を使用している人に対して「看護師」が「安楽な体位」をとらせているケースは圧倒的に多いのです。一方、呼吸器の状態に問題ない場合には、「ヘルパー」のほうが「安楽な体位」をとらせるケースが多いのです。この「安楽な体位」という業務が、看護師が行っていることと、ヘルパーが行っていることが実はまったく異なるのです。すなわち、看護師のいう「安楽な体位」とは、呼吸筋が良く動く体位、あるいは血管などへの圧迫がなくなる体位のことなのです。だからこそ、医療あるいは身体状態の専門家である看護師が行うのです。一方、ヘルパーが行う「安楽な体位」とは、高齢者にとっての楽な姿勢なのです。かたや、筋肉や血流を動かすための体位であり、かたや筋肉などに負担がかからない姿勢なのです。このことからも、同じ言葉＝日本語を使っていても職種が違う場合、意味するところが違うことがわかります。これでは、単純にポータルサイトを作り、誰でも書き込めるようにしても、情報の共有化にはならないことがお分かりでしょう。

　さらに言えば、看護や介護の世界は、まだまだ医学などに比べれば歴史が浅く、そのために同じ専門職種間でも異なる言語、すなわち異なるアセスメント手法を使っていることが少なくありません。

　ICTというツールがいかに高機能であっても、そのベースとなる共通言語が存在しないことを理解しておかねばなりません。同じ場所・現場にいても、日本語、英語、ラテン語、ドイツ語を使うそれぞれの人がいれば、通訳あるいは翻訳者がいなければ情報の共有化は起きないのです。

【図表1-2-6】ICT活用のための問題点②
　　　　　　──事業規模が、小さい

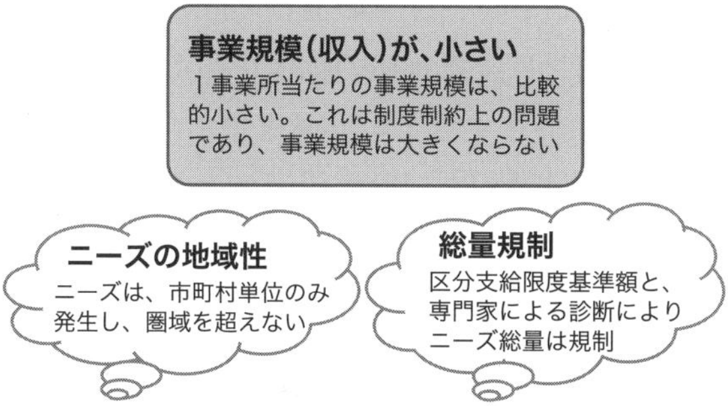

> **事業規模（収入）が、小さい**
> 1事業所当たりの事業規模は、比較的小さい。これは制度制約上の問題であり、事業規模は大きくならない

> **ニーズの地域性**
> ニーズは、市町村単位のみ発生し、圏域を超えない

> **総量規制**
> 区分支給限度基準額と、専門家による診断によりニーズ総量は規制

　次に考えておくべきことは、当然ながら誰が払い、いくら払えるかです。介護分野のサービスの財源の中心は、もちろん公的な介護保険です。介護保険を含む介護サービス全体の事業規模は8兆9,000億円（2012〔平成24〕年度）もあります。しかし、サービス件数は1億3,200万件、事業所数は通所を含む在宅系で15万4,000か所、施設系で1万2,000か所（2011〔平成23〕年度）存在します。これは、サービス1回当たりの価格が、6万7,000円しかなく、1事業所当たりの収入が5,800万円、月当たりだと480万円しかないことを示しています（**図表1-2-6**）。

　このことは、そもそも介護保険制度の設計が、地域すなわち市町村単位としていることから大規模になりにくい構造になっているからでもあります。介護保険は、市町村が単位として地域特性に応じた施策を行うべきとして、保険者を市町村としました。もっとも、今では広域連合を作ることもすすめられていますが。これは、全国健康保険協会や全国規模の健康保険組合の存在する医療保険制度とは大きく異なるものです。なおかつ、介護保険制度では、区分支給限度基準額なる仕組みを設けました。これは、特定の市町村が財政

的に裕福で、いかに大きなサービスを行おうとしても、区分支給限度基準額×要介護認定者数を超えた規模には制度上は超え得ないことを示しています。これは、医学の進歩に伴い膨張を続ける医療保険に対し、介護の進化による費用の拡大を抑え、ある意味では介護の進化にさえも歯止めをするという憂慮すべき点とも考えますが、一方為政者にとっては無制限に財政規模が大きくならないとの優れた仕組みとも言えます。

　筆者としては、介護ロボットなど介護分野にも進化の波が現れ始めており、この仕組みは見直すべき時期だと考えます。介護分野においても、医療分野と同じく、技術の進化を認め、推奨する仕組みを構築すべきです。しかしながら、ICTソリューションの当面の事業化のためには、現在のこの仕組みや事業所の規模は正確に把握しておかねばなりません。本章において、ここで初めてICTソリューションという言葉を用いました。ICTは情報処理や通信の技術であり、実際に介護分野で利用するためにはパソコンにするのか、ロボットにするのか、パソコンにどんなプログラムをするのかが必須です。ここからは、介護分野でICTを使って実際にさまざまな問題を解決する（ソリューション）具体的なICTサービスやモノのことをICTソリューションと呼ぶこととします。

【図表1-2-7】75歳以上高齢者数の増加

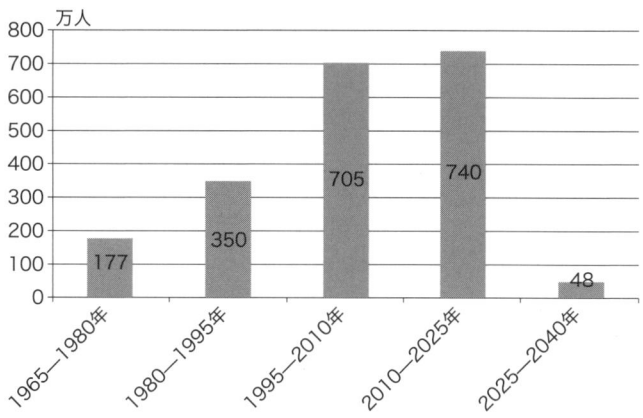

　図表1-2-7は、75歳以上の後期高齢者の人口の伸びを示したものです。2010（平成22）年から2025（平成37）年は、団塊の世代が新たに要介護世代と言える75歳以上世代になってくるので740万人も増加します。しかしながら、2025（平成37）年から2040（平成52）年の15年間では48万人しか増加しないのです。そして、以降は減少に入ります。本書を執筆している2013（平成25）年の現在でも、日本海側などの過疎地からは、高齢者の減少が伝えられます。いわく、特別養護老人ホームに空きができたが、次の入居者が決まらなくなってきたなどです。否、過疎地ばかりでなく、すでに地方都市においても高齢者人口の減少が伝えられます。この状況において、為政者が何十年も機能する施設ではなく、すでにある居宅を活用したサービスに力を入れるのは当然の成り行きでしょう。為政者は、社会保険や税金を財源とせず、民間の自助努力による「サービス付高齢者住宅」などに、民間の資本を誘導しています。ちなみに、今後の介護保険制度の方向は、地域包括ケアシステムで言われているように住み慣れた住居や町で住み続けることを前提に、各種サー

ビスが組み上げられていきます。

　だからこそ、サービス現場が点在し、サービス供給者も移動する居宅系サービスにおいてこそ、ICTの活躍が望まれ、市場が創生すると考えるのは当然でしょう。ICTには、実は大きなチャンスがあるのです。

【図表1-2-8】事業規模　　　　　　　　　　　　　　　　　　単位＝千円

	平成17年			平成20年			平成23年		
	収支	売上	(利益率)	収支	売上	(利益率)	収支	売上	(利益率)
訪問介護	▲1	3,048	0.0%	17	2,528	0.7%	146	2,881	5.1%
訪問入浴介護	▲171	1,607	−10.6%	25	1,707	1.5%	185	2,750	6.7%
訪問看護	131	2,269	5.8%	53	1,992	2.7%	71	3,080	2.3%
訪問リハ	―	―	―	―	―	―	39	1,287	3.0%
通所介護	338	4,503	7.5%	302	3,840	7.9%	519	4,140	12.5%
ショートステイ	300	3,331	9.0%	290	3,430	8.5%	302	4,549	6.6%
グループホーム	354	4,663	7.6%	534	5,455	9.8%	452	5,374	8.4%

出典：「平成23年度　介護事業経営実態調査」(厚生労働省)

　図表1-2-8は、主な居宅系サービスの規模を示したものです。現時点で、在宅介護の中核となる訪問介護は、1か月当たりの売り上げで288万円、利益においては15万円弱にしか過ぎません。また、サービス供給量のもっとも多い通所介護でも、1か月当たりの売り上げで414万円、利益においては52万円にしか過ぎません。さらに、今後の地域包括ケアシステムにおいて、医療と介護の接点となる重要な訪問看護においても、1か月当たりの売り上げで308万円、利益においては7万円にしか過ぎません。企業のICT投資の平均規模は売り上げの3％前後ですが、介護保険における事業は労働集約型事業であり、経費全体の中での比率を考えれば、さらに適正比率は低いと考えねばなりません。それを基準にすれば、介護分野での1

事業所当たりのICT費用は最大でも1か月当たり9〜12万円（仮に3％として）に抑えねばなりません。しかも、訪問介護や通所介護事業所の1か所当たりの従業員数は、常勤換算で8〜9人、すなわちICT機器数もライセンス数もそれだけ必要ということです。このことを考えれば、ICTソリューションはかなり低価格、最大でも従業員1人当たり1万円以下で提供されなければならないということです。さらに言えば、この1万円弱の中で、すでに電子請求などにかなりの金額が使われていることも認識しておく必要があります。サービス拠点すなわちサービスを提供している場所を、ICTソリューションの必要場所と考えれば、もっと多くの場所に分散されます。すなわち、同じ時間帯にサービスを提供している場所は常勤換算人数の8〜9人よりも大きく、さらにその数分の1で提供されると考えねばなりません。一方、ICTソリューションは、全部ではなく一部のサービス提供場所、あるいは一部のサービス提供者だけに用意しても、本来の効果は出ません。そうすると、この全サービス拠点に少ない売り上げの中でICT機器を用意せねばならないことになります。このことは、一拠点当たりのICT設備費用をあるいはICT利用費用を低く抑えねば導入できないことを示しています。一方、少しだけ前向きな要素を語れば、それは介護保険制度では保険請求において電子請求がルールとなっているということです。このため、介護保険事業所（の事務所のみ）は少なくとも伝送系のシステム基盤はあると考えてよいでしょう。先に述べたように、すでにICTソリューションへの投資の上限値の中で消費しているとも考えられますが。

【図表1-2-9】ICT活用のための問題点③
　　　　　　──現場業務が、煩雑

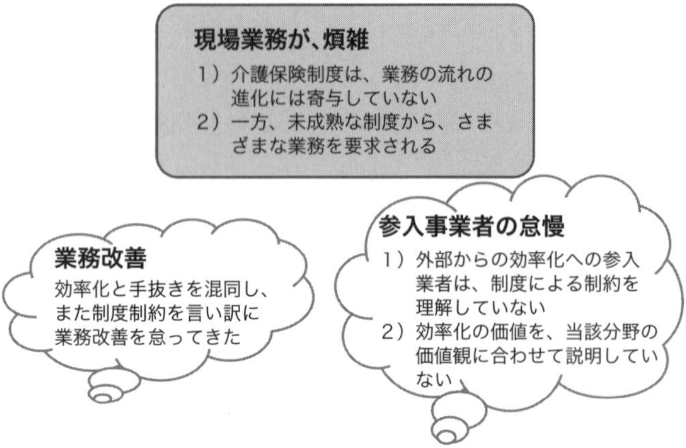

> **現場業務が、煩雑**
> 1) 介護保険制度は、業務の流れの進化には寄与していない
> 2) 一方、未成熟な制度から、さまざまな業務を要求される

> **業務改善**
> 効率化と手抜きを混同し、また制度制約を言い訳に業務改善を怠ってきた

> **参入事業者の怠慢**
> 1) 外部からの効率化への参入業者は、制度による制約を理解していない
> 2) 効率化の価値を、当該分野の価値観に合わせて説明していない

　次のICTの大きな阻害要因は、現場業務が煩雑であるということです（**図表1-2-9**）。

　介護に関する科学的な研究が始まったのは、1980年代のアメリカです。ミシガン大学などを中心にMDS（Minimum Data Set）によるアセスメントと、RUGs（Resource Utilization Groups）により標準的な介護量（＝職種別介護時間）とRAPs（Resident Assesment Protocols）ケアプランなるものが業界に登場し、介護分野に再現性のある科学的な検討が始まりました。日本でも、1980年代後半より介護保険として生まれる高齢者自立保険の検討が国の一部を中心に始まりました。2000（平成12）年には、その成果として介護保険が登場しましたが、介護業務自体の在り方に標準や正解を与えるものではありません。工場において普通に実施される動線分析や、各業務の順番の検討、労働者の業務を分割すべきか集約すべきなどの検討も試みられてもいません。筆者も、高齢者の状況に応じた適切なケアの在り方を検討すべく、厚生労働省に提案し、研究を行った

ことを記憶しています。高齢者への寮母や看護師などの「声掛け」が、高齢者のADLに効果があるのかの研究を8か所の特別養護老人ホームで実施しました。しかしながら、どのような声掛けをしたらADLに良い効果があるのかの汎用性の高い回答を得るには至りませんでした。

　たとえば、**図表1-2-10**は訪問看護サービスにおいて、看護師が行っている業務です。見てお分かりのとおり、看護師でありながら多くの時間を介護業務に割かれていることが分かります。いわゆる「チーム介護」は、まだまだ完成しておらず、1人の人間が看護から介護までを行わねばならないのが現実であり、現場なのです。国家資格を持った看護師が看護を行い、介護の教育を受けたヘルパーが介護を行うことが有効だとしても、在宅という場所では、そのときそこにいる人間が同時にさまざまなサービスを行う必要があることもあります。複数の専門職種がサービスを行ったほうが良いとしても、訪問という制約があり、総合的な効率は1人の専門職種が専門性に関わらず幅広い業務を行ったほうが良い場合もあります。このことは、訪問サービスの現場では、構造的に業務が複雑になる可能性をも意味しています。

【図表1-2-10】複雑な業務内容

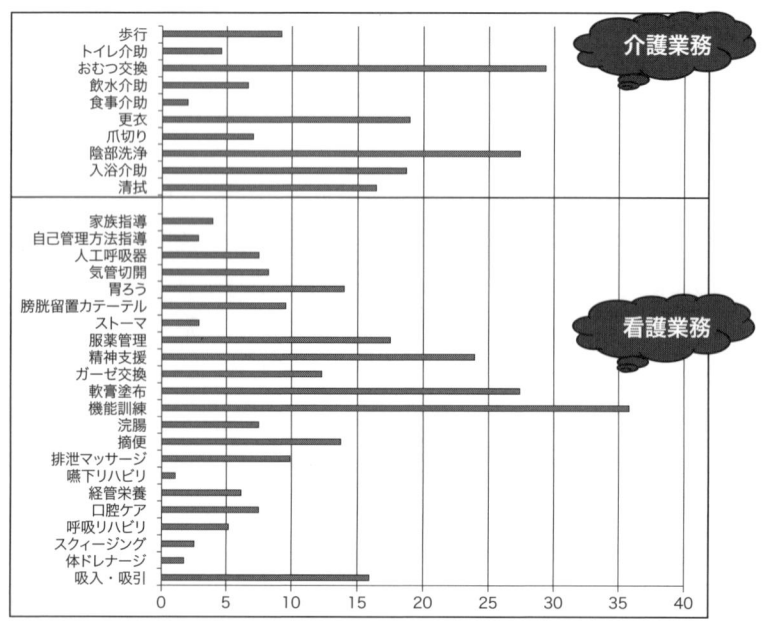

　介護保険制度が始まり、科学的なアセスメントとそれに基づくケアプランの必要性が定義されましたが、介護業務そのもの自体は進化にいたっていません。介護保険制度は、新たな財源を生み出すとともに、社会保険としての提供できるサービス・メニューを規定し、全国どこでも同じサービスしか提供できなくしてしまったマイナス面を持つのです。このため、全国の事業者は介護保険制度により時間や費用の制限を受けた中、その範囲内で介護保険制度のメニューどおりのサービスを行うことのみに汲々としてきたのが事実ではないでしょうか。このことから、介護現場では、「事務作業のみが多くなり、かっての心のこもった介護ができなくなった」との声も聞かれるようになりました。介護における革命とも言うべき介護保険

の登場は、逆に現場における介護業務それ自体の改革や発明へのパワーをそぐことになったとしても、量が圧倒的に足らなかった時代において政策的には致し方ないこととも考えます。しかし、この介護業務自体の進化を考えず旧態依然としたままの業務体系の中に介護保険制度を入れたことにより、現場業務は介護保険制度の制約と保険請求などの事務も増えて、さらに煩雑化することになりました。しかも、介護保険制度自体も初めてのものであったため、社会保険として不適切な給付が行われないように、屋上屋を重ねるようなさまざまなコンプライアンス（法令や倫理などを遵守すること）のためのダブルチェックと、アリバイ作りのための書類作成が大きな業務となりました。この未成熟さが、介護業務それ自体の未成長とも相まって、現場をきわめて煩雑な作業現場にしてしまいました。

　この煩雑さが、ICT導入の阻害要因にもなりました。煩雑な事務業務という負荷は、ICT導入へのインセンティブになる前に、阻害要因になったのです。これを突破するには、介護業務自体を効率化し進化させること、そのためには制度の制約として変えることのできないものと、改善・変更が可能な業務に分解する必要があります。すなわち、ICT導入には介護業務の業務分析と、介護業務そのものの進化が必要になるのです。

　2012（平成24）年度から介護保険制度は新たなグランドデザインとしての地域包括ケアシステムを目指し、定期巡回・随時対応型訪問介護看護や複合型サービスなど新サービスの導入を始めました。また、いよいよ介護ロボットの開発なども本格化してきました。これにより、現場業務はICTを受け入れることが可能なレベルに進化するチャンスを得たと言っていいと考えます。このチャンスを活用するには、介護現場やICTベンダー（ICTの供給事業所）は、介護業務それ自体を改革することをも目指さねばならないのです。

【図表1-2-11】ICT活用のための問題点④
　　　　　　　── ICTリテラシーが、高くない

> **ICTリテラシーが、高くない**
> 1）サービス供給者も、20％は高齢者
> 2）現場の言葉と、工学博士の言葉は、同じ日本語でも意味が違う

> **高齢者**
> 利用者も、サービス供給者もともにIT苦手世代。これからの世代はIT世代か？

> **供給者**
> 現場の方々の工学的でない言葉を、理解することが工学博士にはできない

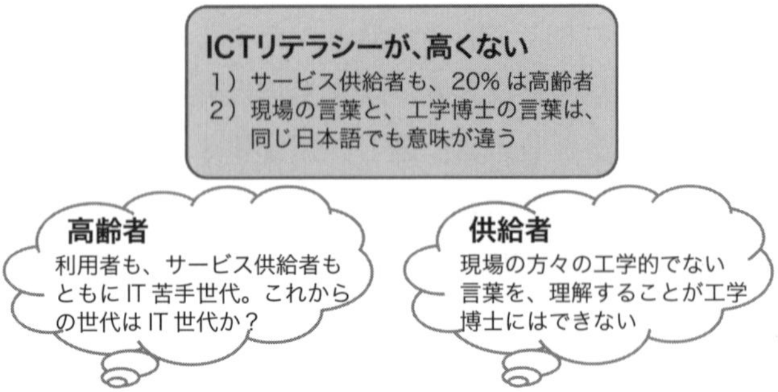

　また、介護現場のステークホルダー（利害関係のある者、高齢者、介護事業者、行政、家族など）のICTリテラシーが低いことも、ICT活用の阻害要因になっています（**図表1-2-11**）。まず、利用者である方々、これは当然ながら高齢者です。また、たとえば当社の例ですが、働く方々のうち20％以上は60歳以上の方々です。このことから高齢者介護を考えるとき、サービス供給者も高齢者であることが今後はますます増加するものと思われます。高齢者イコールICTリテラシーが低いとは言えませんが、生まれたときからICTに囲まれた世代と比べれば苦手な人が多いのも事実でしょう。すなわち、ICTリテラシーが高くない人々が介護現場でも多くなるということです。もちろん、団塊の世代が後期高齢者となるころには、利用者のICTリテラシーも上がっては来るのでしょうが。

　ICTリテラシーが低い層に対して、ICTベンダー側はICTソリューションの高機能ばかりを目指す方向にあるのも、ミスマッチングです。ここは、むしろICTソリューションにより多くを自動化するか、操作性の単純化こそを目指すべきなのです。携帯電話での成功例、

『らくらくホン』の成功は、高齢者にICTリテラシーを求めたのではなく、高齢者にも使用可能なように携帯電話をICTを使用して進化させたことなのです。

　また、現場調査において気を付けるべきことは、『ICTリテラシーの高くない方々は、ICTに対する期待や、必要な機能を正しく説明できない』ということです。ICTベンダー側の方々も、ユーザーとなるであろう方々の言葉を、そのまま市場や現場の言葉＝ニーズとして信じると、真実と異なる可能性があることも記憶しておかねばなりません。ICTベンダー側は、真のニーズや、真の要因は何かを言葉の表面からではなく深く分析することから探る必要があるのです。

【図表1-2-12】ICT活用のための問題点⑤
　　　　　──現場の価値観は、ハイタッチ

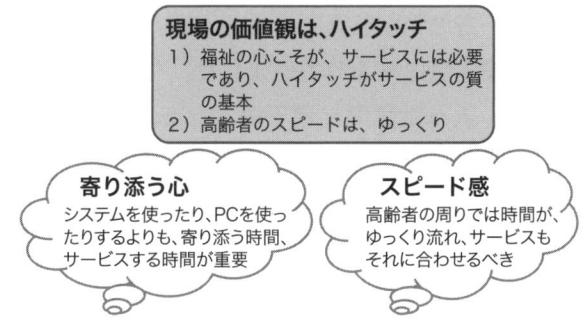

　5つの阻害要因の最後は、現場の価値観が「ハイタッチ」（心のこもったサービス）を理想にしていることです（**図表1-2-12**）。

　介護の現場には、心のこもったサービスを行うことこそが素晴らしいとの思いがあります。医療の場においても、「手当て」という言葉があります。これは、文字どおり医師が患者に手を触れること

です。手のぬくもりで安心感を得て、本当に症状が改善する効果もあるのです。介護の世界は、それ以上に「寄り添う」時間を大切にする世界なのです。ICTシステムを使ったり、PCを使うよりも、個々の高齢者に接していたいとの思いがあります。これが、ICTソリューションの導入や、ロボットなどの導入を阻害する要因にもなっています。

さらに、利用者である高齢者も、自分の生活感覚や時間感覚を持っています。このゆっくりとした時間感覚も、あるときにはICTソリューションの導入を阻害する要因となり得ます。

これも、筆者の例ですが、介護保険制度前の時期、介護保険制度を構築するための研究で下記のような経験をしました。

> 2つの特別養護老人ホームで、個々の高齢者にどのような業務がどれだけの時間、行われているかのタイム・スタディーを行いました。一方の特別養護老人ホームは、スタッフも若くテキパキ働き、清潔感にあふれていました。もう一方の特別養護老人ホームは、入った瞬間に若干のアンモニアの匂いを感じ、スタッフも高齢者の方と時々だべっていたりしていました。そこで、小生は双方の特別養護老人ホームで、自分で10秒と感じる時間が実際は何秒なのかストップウオッチで測ってみました。そうすると、テキパキ働く特別養護老人ホームでは9.9秒、一方の特別養護老人ホームではなんと14秒が経過していました。ところが、近所の高齢者の方々に聞いてみると、圧倒的にだべっていた14秒の特別養護老人ホームが評判が良かったのです。このことは、高齢者介護には、高齢者たちの時の流れのスピードに合わせることの重要さを示しているのです。

この時間感覚に合わせることも、ICTソリューションの導入においては考えるべきことでしょう。

それでは、さまざまな苦労を乗り越え、ICTソリューションが有効に導入されたとき、何が実現されるのかを簡単に見ておきましょう。
図表1-2-13は、ICTソリューションが導入され、有効に機能した際のBeforeとAfterを示したものです。この評価においては、ICTソリューションの導入前の状態を、必ずしもマイナスに見てはいません。むしろ、ICTソリューションを導入しない際の良い点を評価することにより、導入に際し、使用する側が何に気を使うべきかをはっきりさせるための比較です。

【図表1-2-13】ICT導入によるbefore & after

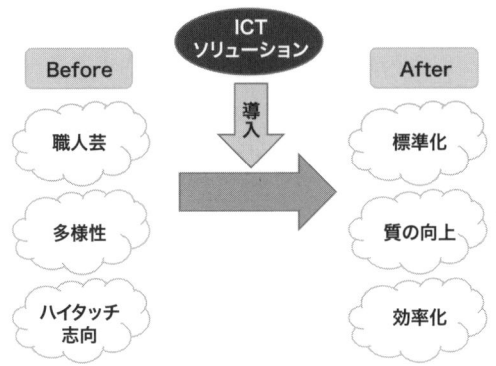

まず、導入前ですが、特に人と接する介護サービスにおいては、職人芸が跋扈しがちです。マニュアルに従った画一的なサービスではなく、職人としての確固たる責任と自信を持ったサービスが実現している可能性があります。一方、優れた職人がいないところでは、サービスの質は低く、教育にも事欠くことになります。その代わり

に、職人個々の特性に応じたサービスが確立されることにより、お客様の特性に応じた多様なサービスが成立する可能性があります。さらに、その多様性がハイタッチなサービスを実現する可能性もあります。

　ここに、ICTソリューションを導入するとどうなるのでしょうか。ICTソリューションを導入することで、多くの方はすぐに効率化を思い浮かべるでしょう。事務業務の多くが圧倒的に効率化されるばかりでなく、ICTのCであるコミュニケーションにおいても大いなる効率化が実現されます。情報処理や、情報の共有化に要する時間が大幅に縮小されます。

　しかし、ICTソリューションの導入は、効率化だけの範囲には止まりません。多くの業務が効率化されますが、それには多くの準備が必要です。まず、ICTソリューション導入に必要な作業には、業務の標準化があります。職人芸であった業務が標準化されることにより、サービスの質のばらつきの減少が期待されます。これは、人と人の差、このばらつきを減少させるだけでなく、同一人の中でも、そのときの調子などによるばらつきもなくすという成果を生み出します。人と人とのばらつきを減少させるということは、たとえばその事業所全体のサービスの質を一定以上に高めるということです。医師が、信頼され医療を行えるのは、医学という標準を使用することによるものです。医師免許が、医療の質を保証するのではなく、医学が医療の質を保証するのです。これと同じことが、介護サービスでも、標準化により実現するのです。

　加えて述べたいことは、標準化は決して画一化ではないということです。医学という標準を利用しても、医師はそれをベースに多様な医療を行うのです。介護においても、標準化された介護業務の体系をベースに、個々の高齢者の多様さに応じた、多様なサービス

を行うことになるのです。富士山に登るのに、江戸時代には一合目、ふもとから登らなければなりませんでした。今は、自動車で五合目まで行くことができます。これと同じことが介護サービスでもいえ、標準化前、ICTソリューション導入前は、いちいちサービスのすべての内容を考えなければなりませんでしたが、標準化後は内容の50％（基本方針）までは、誰でも標準としてセットできるのです。どうでしょうか、０％から積み上げるのと、50％から高齢者の状況に応じて変更するのと、どちらが楽か。どちらのほうが、質の高いサービスを多くのケアワーカー、ヘルパーが行えるようにするかは、明らかだと考えます。

　さらに、ICTソリューションは、実施したサービスとその効果を処理可能、分析可能なデータとして蓄積していくことになります。芸術の進化は、極めて難しい課題です。EXILEと、モーツアルトが、どちらが音楽的に優れているか、正解はないのではないでしょうが。しかし、科学という体系、数式に基づいた学問は、アルキメデスの時代よりもニュートンの時代が、ニュートンの時代よりもアインシュタインの時代が、アインシュタインの時代よりも現代が優れているのは明らかです。職人が経験で行ってきた介護を、ICTソリューションは一気に科学にし、進化していく分野に変えるのです。

　さらに、ICTソリューションの導入は、リスク管理にも役に立つでしょう。最近では、ビッグデータの解析技術も進んでいます。たとえば、転倒事故は段差があるからという理由だけで起こるものではありません。段差の存在、床面の摩擦係数、その場所の明るさ・照明の問題、高齢者の筋力、高齢者のバランス能力、高齢者の視力、高齢者の視線をどう誘導するのかなど、複雑な要因が重なり合って起こります。これらを常に把握し、複合的なリスクを判断することは、普通の人間では困難です。しかし、ここにICTソリューショ

ンを導入すれば、リスクが一定レベル以上になったらアラームを鳴らすなどのことも可能になります。しかも、ICTソリューションは、度忘れや、うっかりミスは起こしません。ICTソリューションは、実は業務の効率化以上に、リスクの低減に役立つのです。ですから、新幹線は古くから自動列車停止装置（ATS：Automatic Train Stop）を整備し、最近の自動車は自動ブレーキや、スリップ防止の自動装置を組み込んでいるのです。

　これらICTソリューションの素晴らしい効果は、単にICTソリューションの導入だけでは実現しないことを付け加えておきます。本章を一言でまとめれば、今までの介護現場へのICTソリューションの導入においては、ICTベンダー分野の優秀な人間たちが、ICTソリューションが極めて優れた機能を持つがために、その使用現場たる介護の現場を分析してこなかったことが問題ということです。そして、本章は介護現場側から見たICTソリューション導入への阻害要因を、ICTベンダー側および介護現場で導入を決定する意思決定者に示した章です。

　次章では、ICTソリューションが有効に機能するものとするためには、どんな開発をすべきかを述べることとします。本節の最後として、ユリウス・カエサルの言葉『多くの人は、見たいと欲する現実しか見ていない』を記載します。

ICTを活用した業務改善

1 ICTを活用した ソリューションの開発

　この章では、現場のさまざまな状況に対応し、ICTを活用したソリューションの開発に成功した事例を紹介します。とは言っても、内容を詳細に紹介できるのは、ジャーナリストや研究者でもない筆者にとっては、筆者自身が関わった事例に限られます。このため、この章では手前味噌ながら、筆者自身の経験の中で成功したと信じるところを事例として紹介させていただきます。

【図表2-1-1】ＩＣＴ活用のための前提

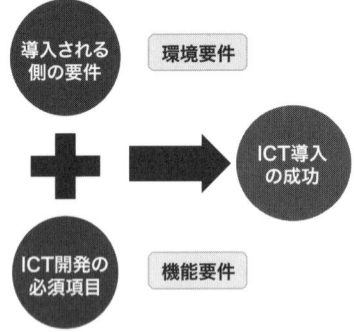

　まず考えるべきことは、ICTの開発の成功のためには２つの要素、すなわち２つの要件があることです。**図表2-1-1**は、それを示したものです。すなわち、まず重要なのはICTソリューションを導入する先の業務が、果たしてICTソリューションが有効に機能するものであるかどうかです。お寺での雑巾がけの業務には、ICTを有効に機能させることがありません。むしろ、修行の一環である雑巾がけに、ICTソリューションを導入し仮に効率化ができても、それは本

来の目的である修行にとってはマイナスでしかありません。介護現場でも、往々にしてそのような業務があります。たとえば、その日の調子を高齢者の方に聞くこと、これを単純に身体状態の把握のためだと考え、センサーなどで瞬時に行うようなことを考えたら失敗します。高齢者の生活の中で介護業務を始めるにあたり、ゆっくりとした会話、コミュニケーションはその導入部分として極めて重要なのです。そのために、相手に意識させずに会話を開始することにも、最初の体調チェックは利用されているのです。看護師が、タッチングと呼ぶ行為、これなども看護師と高齢者の方との間に安心感や親近感を生むために必須の行為であり、このために聴診器も、体温計も高齢者の方に触れるきっかけになるもののほうが良いのです。ここに、SF映画の『スタートレック』にあるような、まったく触れることなく遠くからかざすだけで測れるものは、タッチングを阻害するものになってしまうのです。介護における会話の時間を、短くしてしまうことにしかならないのです。後でも述べますが、介護サービスでは一見無駄に見えても、高齢者の時間の流れに応じるためのゆったりとしたサービスの提供の仕方が必要な場合もあるのです。このため、ICTソリューションを導入する業務については、表面的な機能にのみ着目せず、その業務の意味を把握する必要があります。介護や看護は、1つの目的だけではなく、複数の目的で行われている業務も少なくないのです。ロボットの導入でも、ハイタッチこそが必要な業務なのに、ハイタッチを阻害しないかなどをまずは評価すること、すなわちICTの機能が、対象の業務の本来の目的あるいは付属の目的に役立つものであるかを考える必要があります。

　対象業務においてICTが役立つことが分かれば、次に本章の大きなテーマであるICTソリューションの正しい開発、現場で役立つ開発を行うことです。そのために絶対に必要な要素があるのですが、

介護分野では事業所の規模が小さく、一方のICTを提供する側の企業が大きいこともあり、往々にしてすっ飛ばされ供給者の思い込みのみで開発されてしまいます。よって、ここからは開発のポイントを詳しく述べていきましょう。

【図表2-1-2】有効なICT事業開発の必須項目

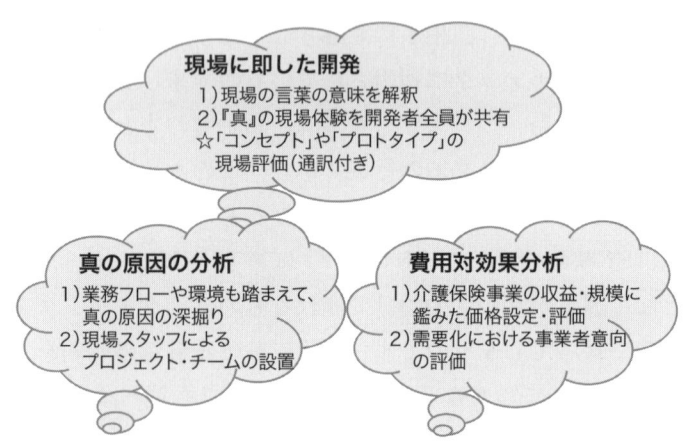

　図表2-1-2は、有効なICTソリューション開発のための必須項目です。まずは、ICTソリューションを使用する現場および現場の業務に即した開発でなければならないということです。現場のニーズは何なのか、それに適応するICTソリューションの機能はどんなものか、これを真に理解するためにICTソリューション開発者も現場に入ったり、現場の人間と課題や状況を共有化する努力が必要です。ICTによる「情報の共有化」は、まず現場の人間とICT開発者の現場ニーズの「情報の共有化」から始まるのです。ICTソリューションを必要とする現場のニーズを、表面上の言葉ではなく、業務フローや環境、さらには利用者のタイプなどに従い、真の原因の深掘りを行うことが必要なのです。このためには、現場チームを主要なメン

バーとしたプロジェクト・チーム体制による開発なども有効になります。いわゆるICTソリューションの開発には見えないかもしれませんが、介護技術やアセスメント手法自体の学術的な開発から行わねばならないこともままあります。さらには、実使用を考えれば、それを使用する現場で払える価格帯にもしなければなりません。

　ここで、再度、まずは真の原因を探ることを考えてみましょう。筆者は、ICTソリューションの導入が進まない最大の理由は、『真の原因は何か』を勘違いしていることにあると考えています。さらに分析すれば、①ICTソリューションの開発者が現場のニーズをとらえようとしていないこと、②とらえようとしても、真の原因をとらえきれないことにあります。さらに、②で述べたとらえるべき真の原因をとらえきれない理由には、１）ICTベンダー側の方々が、現場の人間の表面上の言葉をそのままにしか理解していないこと、２）現場の人間自体も、真の原因を理解していないこと、さらに３）介護現場の人間は、工学博士など他の分野に伝わる言葉を持たないことなどがあります。ちなみに、ここから工学博士という言葉を時々使いますが、これは必ずしも本当に工学の博士号を持った人々を指すのではなく、ICTソリューションの開発を担当する学歴の高い方々を指すものと読み替えてください。

　筆者は、ICTソリューションの１つの体現機器である介護ロボットの開発プロジェクトを、ちばぎん総合研究所というシンクタンクと一緒にスタートしました。**図表2-1-3**は、このプロジェクトの分析での現場の言葉と、真のニーズのずれの可能性を示したものです。

【図表2-1-3】真の原因は何か：ロボット開発の事例

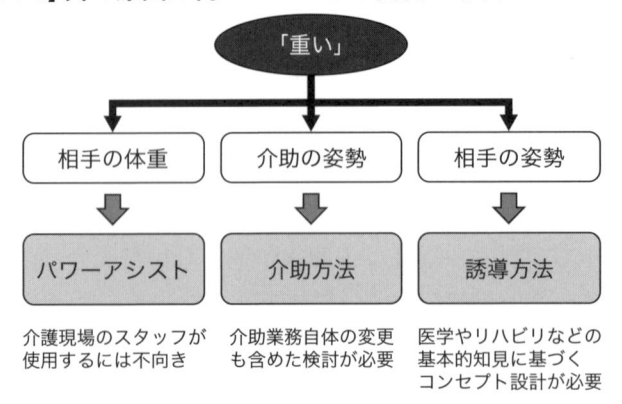

```
              「重い」
    ┌───────────┼───────────┐
 相手の体重    介助の姿勢    相手の姿勢
    ↓           ↓           ↓
 パワーアシスト  介助方法      誘導方法

介護現場のスタッフが  介助業務自体の変更  医学やリハビリなどの
使用するには不向き    も含めた検討が必要  基本的知見に基づく
                                      コンセプト設計が必要
```

　現場の人間が、介護業務の大変さを『重い』という言葉で表現しました。さて、それは何を示すのでしょうか。工学博士は、重いと聞いて被介護者の体重を考え、ロボットとしてはパワーアシスト機器を考えました。介護現場を想像してみてください。介護される多くの高齢者の体格は小さく、体重も軽いのです。一方、介護者は40〜50代です。業務全体を考えれば、相手の体重が重いために、重さが負担になることは何割くらいあるのでしょうか。『重い』との言葉の中には、腰痛になることへの不安を意味している場合もあります。この場合に、単純にパワーアシストを考えては解決につながりません。腰痛を引き起こさない姿勢の保持こそが、重要なのかもしれません。さらには、ほとんどの要介護高齢者は、残存機能をかなり有しています。体幹部の筋肉は、そう簡単にはなくなりません。その場合に、その筋肉を使う方向へ姿勢を誘導し、筋肉を失わせないようにすることが大事なのです。鉄腕アトムやガンダムを発明し、その強力なパワーで要介護高齢者を介助してはいけないのです。進化を始めた介護の世界では、要介護高齢者の残存機能を使い、さらにはその残存機能が失われないようにすることが求められてい

ます。過介護、すなわち必要以上に介護しすぎて本来自分でできることまで介護してしまうことが、要介護高齢者の体力やADLを落としていることが問題になっているのです。だとすれば、『重い』ことに対するロボットとしての解答は、要介護高齢者の姿勢を誘導するきっかけを与えるもの、筋肉自体は高齢者の筋肉を使用するものが理想であるかもしれません。さらには、在宅の老老介護を考えれば、たとえば身体の小さな妻が、身体の大きな夫を介護する場合もあるでしょう。しかし、この事態すら単純にパワーアシストでは問題は解決しません。筋肉などのコントロール力が低下した介護者に、強大なパワーを与えては事故すら起きかねないのです。

　では、どのようにして、現場の言葉と真のニーズのずれの解消を図ったか。それを、筆者がロボットの開発プロジェクトで行ったのが、**図表2-1-4**となります。

【図表2-1-4】ニーズの共有化のために

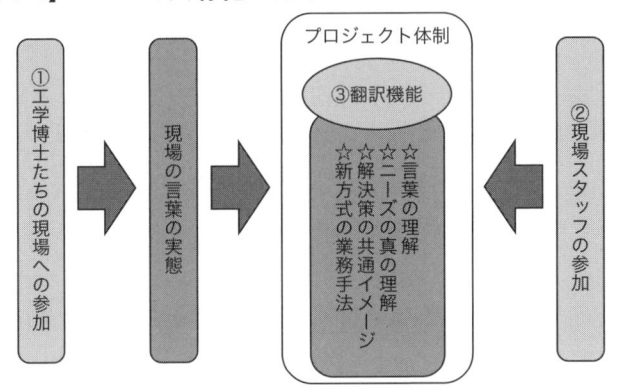

プロジェクト体制

①工学博士たちの現場への参加 → 現場の言葉の実態 → ③翻訳機能
☆言葉の理解
☆ニーズの真の理解
☆解決策の共通イメージ
☆新方式の業務手法
← ②現場スタッフの参加

　まず、重要なポイントは背景をうすい網かけにした3つの項目（①～③）です。1番目は、工学博士たちに、とにかく現場を見せ、現場を感じさせたことです。たとえば、英語の勉強でもそうですが、

日本にはなじみのない英語圏の文化を知らなければ、単に言葉を覚えても英語の意味は分からないのです。これはラテン語の例ですが、『賽(さい)は投げられた』は、カエサルがローマ元老院の最終勧告に逆らって、すなわち国法を犯してルビコン川を渡る人生最大の決意を表す言葉です。この史実を知らなければ、欧米人が『賽は投げられた』を使ったときにどんな強い思いでその決断をしたかが分からない。『賽は投げられた』を欧米人が使ったとき、国法を犯してでも行う不退転の強い意志があることを感じねば英語（ラテン語）が分かったことにはならないのです。これと同じで、『重い』や『汚い』などが、どんな状態を示しているかを感じてもらうため、理解してもらうのではなく感じてもらうために、工学博士たちに現場に入ってもらいました。これにより、工学博士たちは、現場の問題やニーズを共感できる土俵を得たのです。
　次は、開発プロジェクトのチームに現場の人間を入れたことです。工学博士と、筆者のような本社・本部の人間だけでは、決して真のソリューションは生まれないのです。このため、ここには大きな手間をかけました。すなわち、人選です。ITリテラシーという言葉がありますが、まさにリテラシーの高い、すなわち言語化能力の高い現場スタッフでなければ、プロジェクトの足を引っ張ることになります。しかも、そのような優秀な人間は、現場でも仕事の中心であり、売り上げや利益の中核人材でもあるのです。その人間に、今までどおり、もしくは今まで以上に現場での頑張りをお願いしつつ、プロジェクトへの参加をお願いするのです。これには、給与や処遇だけではなく、開発して得られる結果へのリーダーの強い強い価値観と、現場スタッフの強い思いが必要です。
　そして、最後に、プロジェクトの開発体制に、現場の言葉と工学博士の言葉との翻訳者を入れることです。この翻訳は、工学的な用

語と現場の言葉が分かるだけではなく、状況を分析し真のニーズを発見する能力が求められます。ただの通訳ではなく、それぞれの分野で使う意味に変換する翻訳が最低限必要であり、さらに事業プロデューサーである必要があります。我々のプロジェクトでは、システム開発の経験と、介護現場の経験の両方がある筆者が当たりました。手前味噌ながら、この経験に加え、三菱総合研究所でのコンサルティング経験、ヘルスケア分野での新事業会社を2つ新設した経験などから、筆者には翻訳と事業プロデュース能力はあると考えられます。

介護現場でのICTソリューションやロボットの開発には、介護現場ではICTがまだまだ常識でなく、ロボットも現場には存在しないため、開発にはこのような真のニーズの解析と共有化の体制が必須になるのです。

では、ここから筆者自身のICT活用のソリューション開発事例の説明を始めましょう。

筆者が訪問看護事業の責任者となったとき、まず『看護』とは何なのかということから学ぶこととしました。チーム・メンバーであったベテラン看護師に対し『看護って何？』との質問をしました。この質問に対して、『看護とは観察です』との回答がありました。これが、訪問看護のアセスメント用システムの開発のスタートとなったのです。当時、セントケアでは米国を発信とする看護アセスメント・システムを使っていました。しかし、セントケアはさまざまな理由から、セントケア独自の看護アセスメント・システムを開発することを決定しました。ここで、まずは部下と看護の観察とは何なのかをディスカッションしました。観察する目的は、アセスメントを行うことです。ところがこのアセスメント手法に、多くの方法があるのです。これは何も、第1章で述べたような職種ごとに多くのアセスメント手法があることを言っているのではありません。

看護という分野の中においてすら、多くのアセスメント手法があるのです。そこで、まずはどんなアセスメント手法があり、どんな手法が妥当であるかを調べることとしました。ところが、世の中に訪問看護や在宅を対象とした看護アセスメント手法は存在しませんでした。訪問看護の実施場所となる在宅は、さまざまな環境が存在します。湿気の多い環境、乾いた環境、清潔な環境、ペットなどの動物による汚染がある環境、静かな環境、騒がしい環境、段差のある環境、段差のない環境、家族の力が介護や看護の助けとなる環境、一人暮らしの環境、あげていけば切りがありません。しかしながら、その環境を、看護のために整備し変更することは、必ずしもできないのです。病院ならば、病棟の環境を看護や医療のための理想的な環境になるように努力します。看護師やスタッフ数を増やし、食事内容を身体状況に応じて変更します。ところが、在宅ではそのことにもおのずから限界があります。環境を変えるために、内装を大きくいじったり、引越しをすることは現実的ではありません。このため、訪問看護には、訪問看護専用のアセスメント手法が必要と考えました。

【図表2-1-5】当社のＩＣＴ開発：「看護のアイちゃん」

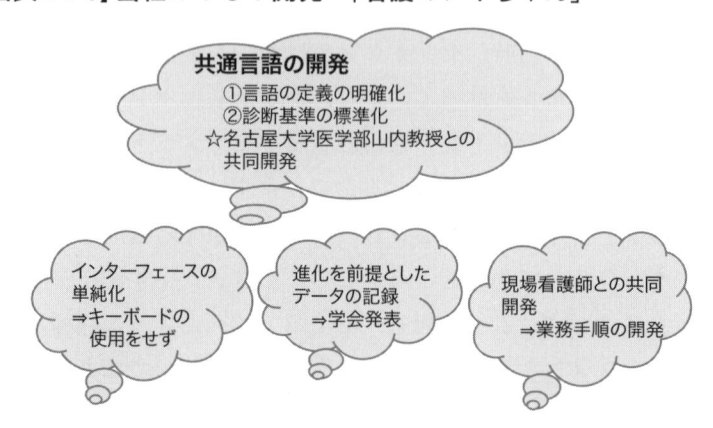

共通言語の開発
①言語の定義の明確化
②診断基準の標準化
☆名古屋大学医学部山内教授との共同開発

インターフェースの単純化
⇒キーボードの使用をせず

進化を前提としたデータの記録
⇒学会発表

現場看護師との共同開発
⇒業務手順の開発

これが、当社のICTソリューション開発における最初の最大の開発テーマとなりました、共通言語の開発です。ここにおいて、看護アセスメント専門家たる名古屋大学医学部の山内豊明教授の参加となります。山内教授と、訪問看護専用のアセスメント手法の開発を目的としたプロジェクトを開始しました。通常の学術研究と異なる大きな点は、このアセスメント手法が現場でどのような使われ方をするかも含めて考え、開発を進めたということです。加えて考慮したのは、アセスメント手法がいかに優れていても、入力や記録そのものに大きな時間を要すれば使われないだろうということです。しかも、今の時代の入力は、ICTによることになると考えました。このアセスメントを行うには当然、ノートパソコンを使うと考えましたが、ここででき得る限り現在の入力感覚を変えないようにしようと考えました。看護の現場では、持ち運び可能なＡ４大のボードを持ちその上で紙に記載するのが一般的でした。この感覚をでき得る限り変えずにとの発想です、キーボードを使わずに入力をする方法を考えました。また、さはありながらICTソリューションを活用する以上、データを電子化し記録することを考えました。そして、それを現状の業務感覚の中に違和感なく入れていくことを考えました。

　図表2-1-6は、この看護のアセスメント・システムの開発体制を示したものです。重ねて言いますが、これはICTソリューションの開発を目指した体制ではなく、新たな共通言語＝訪問看護専用のアセスメント手法の開発を最終目標にした体制です。リーダーである筆者は、システムに関する知見、医学・看護学に関する知見、そして情報システム開発のリーダーとしての経験がいくばくかはありました。そこに、看護の分野での専門家であり、診断などの専門家でもあり、なおかつ診断の標準化を目指した名古屋大学医学部の山内教授をリーダーに選びました。リーダーとして、この山内教授を選

【図表2-1-6】看護アセスメント・システムの開発体制

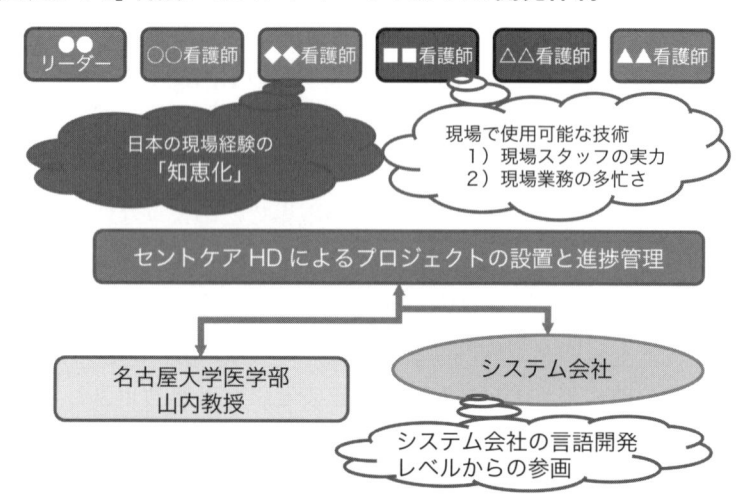

- リーダー
- ○○看護師
- ◆◆看護師
- ■■看護師
- △△看護師
- ▲▲看護師

日本の現場経験の「知恵化」

現場で使用可能な技術
1) 現場スタッフの実力
2) 現場業務の多忙さ

セントケアHDによるプロジェクトの設置と進捗管理

名古屋大学医学部 山内教授

システム会社

システム会社の言語開発レベルからの参画

ぶに当たり、8人以上の専門家を候補に挙げました。この方々とは、論文などで目指される方向を確認するだけでなく、すべてお会いし話し合うことを行いました。これは、チームをなすには、考えだけではなく同志として目的を共感できるか、感情面でもチームを形成できるかが重要なポイントと考えたゆえです。また、山内教授は看護業界では、カリスマとも言えるほどの人気のある専門家です。この当該分野での人気という要素は、後で述べますが、開発したICTソリューションを使用する段階、現場に落とし込む段階で大きく効いてくる要素です。そこに、このアセスメント手法を使うことになる現場の看護師を選定しました。ここで選定の基準においたのは、第一は本人の意思、あるいはこのようなプロジェクトの意義を理解するかにおきました。その上で、訪問看護師として、一定の技術レベルを持っているかにおきました。腕の良い訪問看護師は、アセスメントにおいても一定のプライオリティー、判断の順番を持っています。看護師は、瞬時に全体像を把握するのではなく、リスクの大

きなものから診断し、順番にリスクを排除していきます。この順番が経験的に手順化され、かつその工程が手早くできる看護師こそが、腕の良いベテラン看護師です。ベテラン看護師のこの手順を、名古屋大学医学部の山内教授により、医学的な高い知見をベースに検証し、見直していったのです。さらに、そこにはシステム会社のメンバーを加えたのです。このシステム・ベンダーの選定にも、リーダーとしては大いに気を使いました。まずは、その組織の姿勢、すなわち会社はリスクを負って開発そのものにも参加するのかを確認しました。通常の開発ならば、システム・ベンダーに委託条件を交渉するところ、共同事業として開発に参加するのかを確認しました。そして、その会社におけるSE（システム・エンジニア：システム開発における現場監督のような役割を担う）なり、システム開発を行う実行責任者に参加いただくこととしました。

看護においては、看護過程というものが大切にされます。ウィキペディアでは、「看護過程には、次の5段階がある。人によっては、いずれかの段階を2つに分けたりなどしているので、必ずしもこれとは一致せず、また、必ずしも1方向のみに展開すべきものでもない」

- ・看護アセスメント…目の前にある健康問題、または潜在的な問題を把握するために、情報を収集する。バイタルサイン、病歴（既往歴）、家族構成。
- ・看護診断…収集した情報が正しいことを確認し、次いでデータを分析する。
- ・看護計画…その問題の解決のために、患者と共に行動計画を作成する。
- ・看護介入…目標に到達するための、看護行為や患者の自己努力。
- ・看護評価…看護者はどのような成果が現れたか、あるいは看護

計画を変更する必要はないかなど患者と一緒に評価を行う。とされています。
　この最初のステップになる看護アセスメントを、訪問看護専用アセスメント手法として開発しようとしたのがスタートです。しかしながら、ICTを活用したソリューションでは、「看護アセスメント」「看護診断」「看護計画」「介護介入」「看護評価」の各ステップにも役立つこと、我々はそれを目指しICTソリューション開発も行いました。

2 実際の開発ステップ

　ここからは、実際の開発を少し説明してみましょう。
　チーム編成までは、先ほど述べたとおりです。そのメンバーを、まずは集めました。その際、まだシステム会社は参加していません。また、システム化しICTソリューションを開発することはメンバーには教えていません。あくまで、訪問看護の診断を標準化しようとしたのです。しかしながら、優れた職人として看護を実施してきた看護師たちに、標準化の真の意義をすぐに簡単には理解いただくことはできませんでした。そのときの議論をもう少し正確に伝えれば、標準化を言葉上は認めることができても、いざ標準化を行うとなると、自分の経験を普遍化することに固執してしまうことが起きてしまいました。そこで、第1回目は、訪問看護とは何か、在宅で行っている看護とは何かを徹底的に議論しました。画一化と標準化は、

【図表2-2-1】開発ステップ

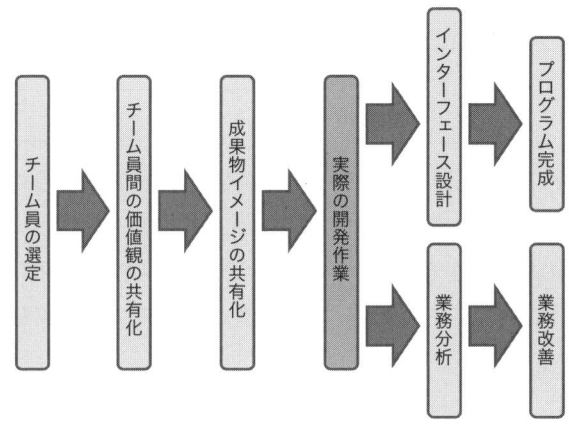

チーム員の選定 → チーム員間の価値観の共有化 → 成果物イメージの共有化 → 実際の開発作業 → インターフェース設計 → プログラム完成
　　→ 業務分析 → 業務改善

全く違うものであることなどを大いに議論しました。
　図表2-2-1は、このICTソリューションの開発ステップを示したものです。実際の開発作業にかかる前の、準備段階の作業ボリュームが大きすぎるように思われるかもしれませんが、これが重要です。また、このことこそが成功のためには必須だったのです。第1回目の徹底的な議論とは、このチーム員間の価値観の共有において必須のステップなのです。しかし、実際には1回だけではそれぞれの価値観は一致しませんでした。むしろ、訪問看護の世界において、医療的判断を先にすべきか、それとも目指す生活の合意を先にすべきかで、チーム員間に決着のつかない議論が生じました。これをベースに議論が行われるため、その議論は第2回目のプロジェクト会議にも及びました。1回の議論では、価値観の共有化に対し、合意を得ることはできなかったのです。さらに、名古屋大学医学部の山内教授や、現場の訪問看護ステーションの責任者の都合を考えれば、集まることのできる日時は限られており、リーダーである筆者は大いに焦りを感じました。しかしながら、このステップをないがしろにしては、決して成功しないことをICTソリューションの開発のリーダーは銘記しておくべきと考えます。よって、時間と手間は要しても、徹底的な議論を行うステップに3か月もの期間をかけたのです。
　次の段階は、成果物イメージの共有化です。抽象的なゴールでは、現場の方々には何を目指しているのかを分かってもらうのは困難です。成果物のイメージができなければ、どんな作業も進みません。これは、現場の方々をメンバーとしたチーム以外でも同じですが、開発に慣れていない方々の参加をお願いした以上、成果物イメージを"創造"させるのではなく、"想像"できるようにしなければならないのです。

これもロボット開発の例ですが、メーカーの方が仕様設計書を持ってきて、「こんなロボットではどうか」と聞いてきました。私の答えは、以下です。

> 「仕様設計書では、どんなものなのか現場の人間には想像できない」
> 「また、翻訳者たる私も、仕様設計書から、どんなロボットなのかを現場の人間には説明できない」
> 「徹夜をしてでも、早くに現物、プロトタイプ*を持ってきてほしい」
> ＊プロトタイプ：機能や構造などを検証・評価するための試験用の試作機。

　ICTソリューションの開発も、同じです。目指すべき成果物のイメージを、チーム員にきちんと説明できることが、現場スタッフによる開発チームの成功の秘訣です。
　リーダーである筆者は、すでに高いリスクから順番に診断することとそのリスクの排除、すなわちベテランのアセスメントの思考過程、そしてキーボードにできる限り頼らない入力方式、アセスメント結果から自動でプロトコルを選定するなどのさまざまな思いから、フローチャートそのものを入力に使おうと考えていました。

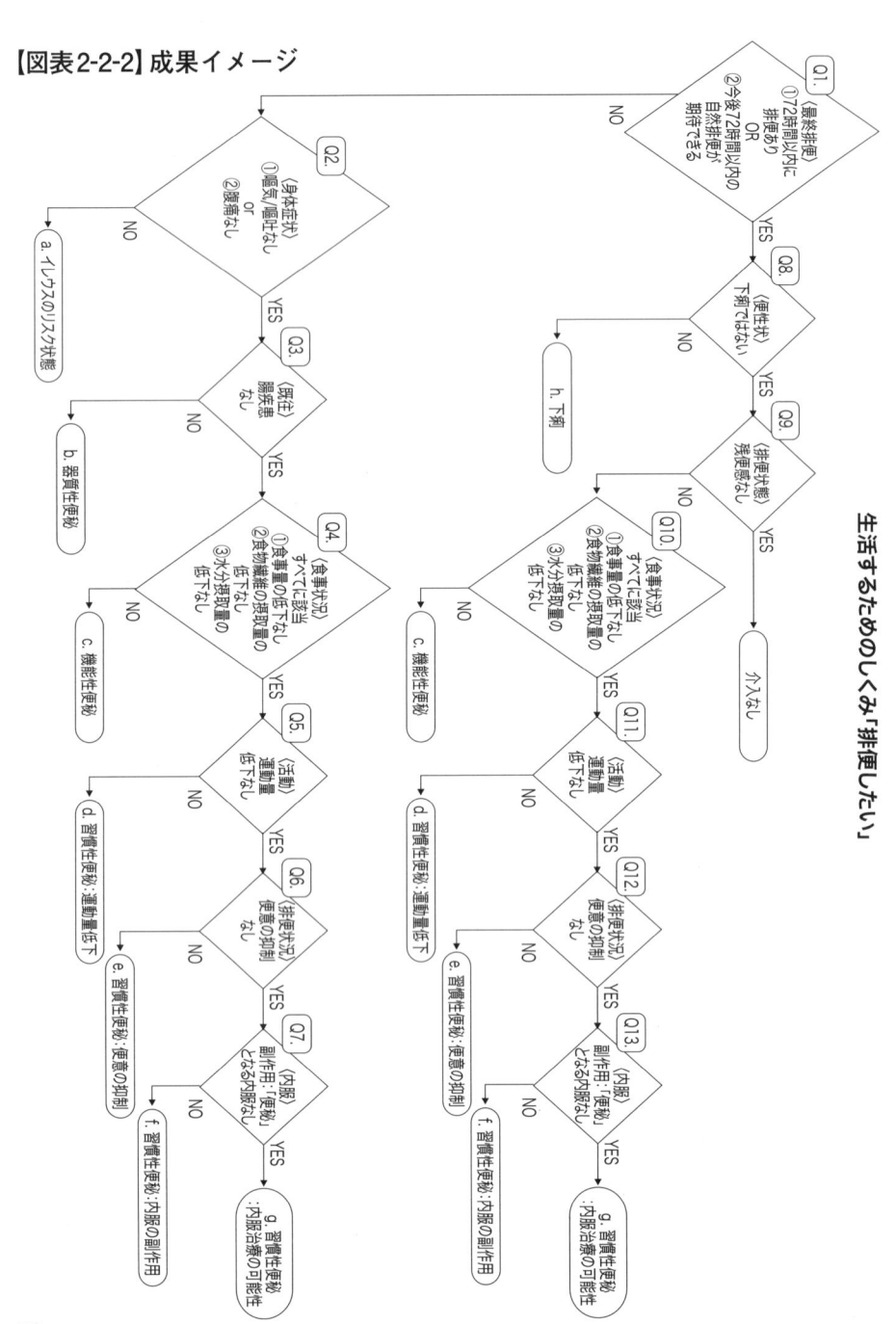

【図表2-2-2】成果イメージ

生活するためのしくみ「排便したい」

- Q1.〈最終排便〉①72時間以内に排便あり OR ②今後72時間以内の自然排便が期待できる
  - YES → Q8.〈便性状〉下痢ではない
    - NO → h. 下痢
    - YES → Q9.〈排便状態〉残便感なし
      - NO → 介入なし
      - YES → Q10.〈食事状況〉すべてに該当 ①食事量の低下なし ②食物繊維の摂取量の低下なし ③水分摂取量の低下なし
        - NO → c. 機能性便秘
        - YES → Q11.〈活動〉運動量低下なし
          - NO → d. 習慣性便秘:運動量低下
          - YES → Q12.〈排便状況〉便意の抑制なし
            - NO → e. 習慣性便秘:便意の抑制
            - YES → Q13.〈内服〉便秘となる内服なし
              - NO → f. 習慣性便秘:内服治療の副作用
              - YES → g. 習慣性便秘:内服治療の可能性
  - NO → Q2.〈身体症状〉①嘔気・嘔吐なし or ②腹痛なし
    - NO → a. イレウスのリスク状態
    - YES → Q3.〈既往〉腸疾患なし
      - NO → b. 器質性便秘
      - YES → Q4.〈食事状況〉すべてに該当 ①食事量の低下なし ②食物繊維の摂取量の低下なし ③水分摂取量の低下なし
        - NO → c. 機能性便秘
        - YES → Q5.〈活動〉運動量低下なし
          - NO → d. 習慣性便秘:運動量低下
          - YES → Q6.〈排便状況〉便意の抑制なし
            - NO → e. 習慣性便秘:便意の抑制
            - YES → Q7.〈内服〉便秘となる内服なし
              - NO → f. 習慣性便秘:内服の副作用
              - YES → g. 習慣性便秘:内服治療の可能性

図表2-2-2は、訪問看護専用アセスメントのフローチャートです。あとは、開発チーム員に、どんなリスクを最初に排除し、次にどのリスクを排除するかを考えてもらい、その順位と排除方法を議論しました。ここからの作業は、それぞれが得意な領域のフローチャートのたたき台を各メンバーで作成する分業で行い、できあがったものを皆で集まってディスカッションする方式としました。すなわち、集まらない間も開発作業は進んでいくことになるのです。よって、成果イメージを共有するまでには3か月も要したものが、作業量としてははるかに大きな12種類のフローを完成するのに3か月ほどしかかかりませんでした。ここで重要なのは、現場スタッフにはICTソリューションを意識させなくとも、そのリーダーは最初から現場で使えるICTソリューション像を持っておかねばならないということです。実際には、プロジェクト・チーム員の1人から、「岡本部長は最初から落としどころを決めているのだから、最初からそれを言ってほしい」とも言われたりもしました。しかし、そのことを気づかない現場スタッフが普通であり、チーム員間での共有感を醸成することこそが最も重要なことであるため、この段階に入る前に3か月もの自由なディスカッション期間を置いたのです。

　フローチャートにした最大の理由は、現場の現在の判断手順に合わせたということです。看護師は、患者が意識を失っているようであれば、まずその対応をします。呼吸が止まりそうならば、まずは呼吸の確保を行います。フローチャート方式ならば、このように他の判断を先に置いておいて、緊急判断を優先する流れにも対応できるのです。そこで、我々は、まずは①救急車をすぐに呼ばねばならない状態を最初の判断BOXに持ってきました。これにより、救急車を呼ばねばならない状態であれば、他のすべての判断に入らなくとも診断が可能になりました。リスクの順番では、次に②1日以内

に医師の診断が必要なレベル、③次の医師の訪問日に診療すれば良いレベルに分けました。後述しますが、アセスメントを行う順番を業務の現場で判断していく順番にしたことにより、看護診断における大きな発見をしました。

【図表2-2-3】標準化

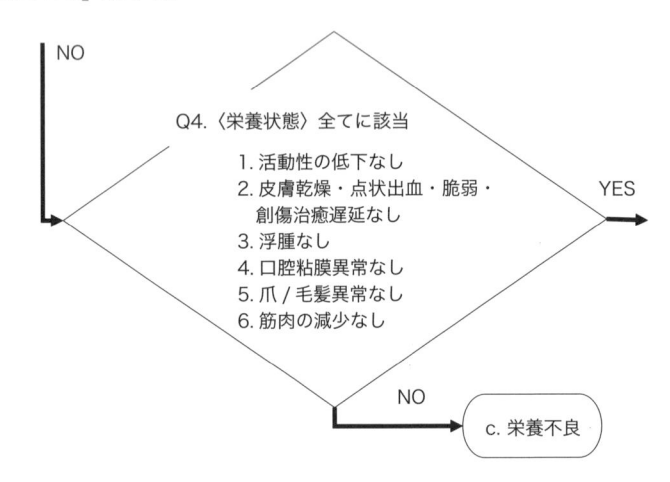

```
         NO
          ↑
    Q4.〈栄養状態〉全てに該当
      1. 活動性の低下なし
      2. 皮膚乾燥・点状出血・脆弱・
         創傷治癒遅延なし                YES
      3. 浮腫なし                        →
      4. 口腔粘膜異常なし
      5. 爪/毛髪異常なし
      6. 筋肉の減少なし

              NO
              ↓
          ( c. 栄養不良 )
```

　次に、標準化です。ICTソリューションによる情報の共有化のためには、そもそもの言語の共通化や意味するもの定義するものの共通化が必須です。まず、数的なデータをできる限り使うこと。数字は誰にとっても共通、たとえば呼吸状態の判断に呼吸回数や体温を使いました。難しかったのは、看護において重要な「活気のあるなし」や活動性などの判断です。しかし、ベテラン看護師たちとディスカッションする中、活気のあるなしや活動性は必ずしもそれだけで何かを判断しているのではなく、バイタル・データなど、さまざまな観察項目と組み合わせで判断していることが分かりました。そこで、**図表2-2-3**のように、他の観察要素を組み合わせることによ

り、活動性の判断の意義が低下せず、しかも総合判断において個人間のブレがないように工夫したのです。

　このような発想の下、開発を行うにおいて、もっとも重要なのは実際の業務へどう落とし込むかです。そのために、まず重要なのはインターフェース（ものごとの境界となる部分のことで、コンピューターと人の接する部分、すなわち入力画面や出力部分のことも意味する）です。コンピューターの頭脳に当たるCPU（Central Processing Unit：コンピューターにおいて数値計算など演算処理を行う部分）がどんなに複雑で高度な計算をしていようが、ユーザーにとってはインターフェース部分、言い換えれば入力と出力の部分しか見えないのです。筆者も、システム会社に下記のように常々話してきました。

「コンピューターの中で、妖精が働いていようが、ネズミが走っていようが、構わない」
「ファイル管理がどうの、OSがどうのとの説明は私にはいらない」
「我々が使いたい機能を、ICTの専門家として工夫して実現してくれれば、それだけで良い」

　筆者としては、システム設計の時間の40％程度は、このインターフェースの設計に充てるべきだとすら考えています。

【図表2-2-4】モバイル・パソコンの全訪問ルートへの導入

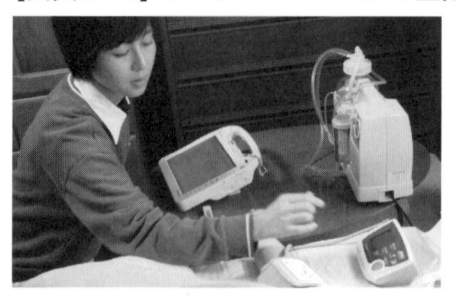

　図表2-2-4は、実際の使用現場です。ICTソリューションは、ソフトウェアだけでなくインターフェースの一部となる端末も重要です。そこで、電子ペン、電子ボード、タッチ型パソコンなど、さまざまな検討をしました。ここで、このアプリケーションを見たインテル社が、コンティニュア（Continua Health Alliance：さまざまな健康・医療システムやサービスをシームレスに扱えることを目標として、より質の高い「予防的な健康管理」と「慢性疾患の管理」、そして「高齢者の自立支援」の実現を目指し、米Intel Corp.が中心となり2006年6月に設立した非営利団体）活動にも役立つとして、コンティニュア対応端末による実証評価に協力してくれることになりました。その実証評価により、図表2-2-4のタッチ型のパソコン、Tough Book（Panasonic社製）を使用することにしました。これにより、入力も当時の現場感覚に近いものを実現したのです。
　また、もっとも重要なのが図表2-2-1における業務分析・業務改善です。ICTソリューションの開発は、でき得る限り現状の業務の基本を変えないようにしました。しかし、ICTソリューションが加わることにより、業務自体も大幅に改善できるかもしれないのです。否、逆に業務の改善なく、新たなICTソリューションの導入はあり得ないのです。我々の開発では、このアセスメント開発チームの一

員である看護師の一部をメンバーとした業務改善チームを発足しました。ここで、徹底的にこのICTソリューションを使った、新たなアセスメント業務フローを策定しました。導入の章である第3章で説明しますが、さらにこの業務フローの検証のため、ICTソリューションの流れを書面により行うことを実業務として行いました。この期間に、使用する現場にも、ICTソリューションのいわば「親」意識をも醸成するのです。初期にはバグ(コンピューター・プログラム上の不具合)もありますが、この期間を置いたことにより、ある現場看護師からは、「3歳児の『看護のアイちゃん』(当社の訪問看護アセスメント・システム)に対しては、否定せず、成長を手伝います」と言われたのです。

第3章

失敗しない
ICTの取り入れ方

1 ICTソリューションの導入とそのステップ

　さて、本章ではICTソリューションの導入について説明しましょう。どんな素晴らしいものでも、過去を捨て去り、今までのやり方を変えるということには抵抗が付き物です。変えることのできない国——日本、これは過去の権益を守ろうとしているのではなく（もちろん、それも大いなる理由でしょうが）、今のままのやり方のほうが楽だからです。今までのやり方ならば、マニュアルを見なくとも頭に入っているし、何か問題が生じそうな点も経験で分かっています。これを捨てて、新たな方法を導入するには、勉強も必要だし、どこに気配りをしておけば良いのかも分からない。過去の成功があるからこそ、新しいものを導入できないのです。

　もう1点、人口構造の変化には触れておかねばなりません。1996（平成8）年までは、生産年齢人口（15～64歳）、すなわち購買し、かつ働き手の中心となる人々の数は右肩上がりに増加していました。ゆえに、今の日本の支配者層もしくは過去の成功者層は、人口の右肩上がりモデルに毒され、とにかく需要拡大、景気回復の幻想モデルを前提に政策や事業計画を組み続けてきました。しかし、1997（平成9）年以降は、生産年齢人口は減少に入っているのです。今の日本では、多くの消費の中心となる人口が、前年より小さくなるとの前提で、政策や事業計画を組むべきなのです。消費税率を上げても、消費する人口がどんどん減少し、結果として消費税率のアップの効果は時とともに減少していくことを理解しておかねばならないのです。

　ICTソリューションの活用においても、生産年齢人口の減少が問

題となります。今までになかった新たな技術に基づく新たなICTソリューションの導入には必ず抵抗が存在します。しかも、それは過去の権益を守るなどという悪意からではなく、新規技術への不信と不安からであることがやっかいなのです。悪意ならば説得することもできます。しかし、誠意はあっても、感情としての不信感や不安感を取り除くのは並大抵のことではありません。これまでの時代、多くの職場ではそれを業務命令と世代交代に頼ってきました。生産年齢人口が増加する時代においては、職場でもどんどん新しい世代が入ってきて世代交代が生じ、新技術あるいは新手法のみしか知らない世代にすぐに交代していきました。しかし、生産年齢人口が減少する時代においては、世代交代による新システムや新制度への移行を期待してはいけないのです。世代は交代せず、多くの世代が長い期間その業務の主役であり続けます。新しい世代が、潤沢には入っては来ないのですから。だからこそ、現在、現場にいるスタッフにいかに抵抗感なく導入させるかが、成功への大きなポイントになります。

　そこで、我々は導入ステップに、企業として取り得る限りの時間を投入しました。まずは、導入の前段ですが先の章でも述べたとおり、業務の徹底的な分析を行いました。社会保険分野は、その制度からも、法からも規定されて必須である業務が数多くあります。よって、まずは制度や法によりその方法や中身などの詳細までが規定され業務手順などの変更が不可能なもの、制度や法で規定はされているがその方法・業務手順や中身については自由度のあるもの、制度や法では規定されておらず事業者の自由になるものの3つに業務を精緻に分類しました。そして、サービスを行う上での最良かつ最効率だと考える業務手順を再構築しました。正直に言いますと、この作業は開発のプロジェクト・メンバーとした専門職たる看

護師にとっては、事務的な部分が多く必ずしも創造的な作業には感じられませんでした。要するに、質の向上に直結するアセスメント手法を発明する作業ほどには面白みのないものでした。「風が吹けば、桶屋(おけや)がもうかる」ではないですが、「業務改善が行われれば、サービスの質が上がる」と感じてもらうことが必要です。我々は、サービスの質の向上のための作業をしているとの雰囲気作りを丁寧に行いました。また、人選には、プロジェクトの最初から関わり、最早このアセスメントが自分の子どものように感じられる看護師としました。この結果、担当の看護師には意義のあるものと感じてもらうことができました。その看護師の1人は、その後、新ICTソリューションの販売の中心になることとなりました。

【図表3-1-1】導入ステップ

教育	・アセスメント（学術教育） ・業務フロー
書類ベース	・業務フロー検証・改定 ・新帳票検証・確定
試用期間	・プロトタイプ・システム ・仕様修正
本格導入	・通常メンテナンス ・学術研究

さて、**図表3-1-1**は、我々の訪問看護ステーションへの新たなICTソリューションの導入ステップを示したものです。開発においては、現行業務を考慮するだけでは、成功しません。まず、最初に行ったのは、新アセスメント手法に関する教育です。この対象は、まずは、訪問看護ステーションの管理者でありリーダーたる所長を

対象としました。所長は、その訪問看護ステーションの看護の質に責任を持ち、スタッフ看護師への教育を行うからです。一番最初の教育は、看護分野における新アセスメント手法の意義を丁寧に伝える必要があり、全国の訪問看護ステーションの所長を１か所に集めて行いました。Face To Faceによる教育でなければ、「この新アセスメント手法が訪問看護における価値観をすら変える」ことを伝えることはできないと考えたからです。

その集中教育で伝えたのは、下記となります。

> ①訪問看護分野における専用のアセスメント手法の意義
> ②まだ完成品ではなく、みんなで書類ベースの実地検証をした上で完成していくこと
> ③社内メンバーのみではなく、看護分野のカリスマたる名古屋大学医学部の山内教授も開発メンバーであること

医療・看護分野でのICTソリューションの導入においては、働く方々が専門職であり、強いプライドを持っていることを理解しておかねばなりません。組織に準ずるよりも、職に準ずる世界だと理解したほうが良いと考えます。このため、この新ICTソリューションにおいても、まず教育で語ったのは、この新アセスメントが「ナイチンゲールの看護を具現化し、看護革命ともなる意義のあるものだ」ということです。

ここで、成功のポイントを１つ述べましょう。それは、やはり開発チームに現場のスタッフ、それも現場のリーダーとなり得る人材を入れたことです。このリーダーたちは、この新ICTソリューションを子どものように感じています。親バカは人の常、当初の段階で使いにくい部分があっても、この親たちがかばってくれるのです。

キリストは、十二人の使徒*を作り、キリスト教を世界に広めました。新ソリューションを、現場に伝えるには、まさにこの十二人の使徒が必要なのです。

*十二人の使徒：イエス・キリストが福音書を伝えるために選んだ最初の弟子。イエスの復活の証人であり、イエスと生前をともにしたなどの条件がある。

【図表3-1-2】共有化

　図表3-1-2は、その使徒たちと何をしたかです。多くの人は、業務だというと、お金をもらうために嫌なことでもストレスに耐えながらやるものだと思っているようです。しかし、業務の内容がその人の生きがいと一致していると、上司に指示されなくとも一所懸命に行います。それが、起業家の基本ではないでしょうか。ましてや、国家資格や認定資格を持った専門職たちは、プロ意識を持ち、社会に貢献、もしくは人のために仕事をしようとしています。医師や看

護師は、子どものころから人の命を救う仕事したいと信じてきた人間です。大学を出て、たまたまの会社訪問により職を決めた人間ではないのです。訪問看護専用のアセスメントの開発は、訪問看護サービスそのものの質を高め、看護に革命を起こすと、チーム員全員で感じていました。

　それをさらに具現化するため、社会に役立てるために、あるいは社会や看護への貢献をチーム・メンバーに実感させるために本を出しました。開発チームに参加した看護師の全員に加えて、現場でこのアセスメントを使用するリーダーたちにも執筆いただきました。しかも、看護業界でのカリスマである名古屋大学医学部の山内豊明教授との共著でもあるのです。憧れの人と一緒に本を書くことができて、うれしくないはずがありません。社内マニュアルではなく、自分の書いた本が八重洲ブックセンターや三省堂といった書店に並ぶのです。そして、社内ではなく社外の方々から声がかかるようになるのです。この喜びに加えて、この本自体が看護分野における訪問看護の具体的な啓発の聖書となったのです。キリスト教の伝道には聖書が、我々の新アセスメントの普及には『訪問看護アセスメント・プロトコル』（中央法規出版）があったのです。しかも、その本には画期的な新たなアセスメント手法の説明に加えて、少数ページではありますがそのアセスメントを用いたICTソリューションについても紹介しました。システム・ベンダーが用意するシステム説明書と、本屋に並ぶ本とどちらがICTソリューションの普及に役立つかは言を待ちません。

　ちなみに、後ほど述べますが、新アセスメント手法をICTソリューション化することにより、膨大なデータが解析可能な状態（電子データとして）で存在することになります。このデータを解析したものを、名古屋大学医学部の山内教授と共同研究として、日本看護科学

学会に発表しました。この際にも、この使徒たち、開発チームのメンバーたちは自費で学会参加してきました。これほどの思いのあるメンバーが、各現場にいてこそ、ICTソリューションの円滑な導入が実現するのです。

図表3-1-1に戻りましょう。教育の次に行ったのが、書類ベースでの検証と改定です。この段階では、すでにアプリケーション（表計算やワープロなどのように作業の目的に応じたソフトウエア）・システムのプログラミングに入っており、いわゆる仕様（製品やソフトウエアを開発する際に、形状、機能、操作方法などを詳しく決めたもの）設計は完了しています。ということは、ICTソリューションを導入した状態での新業務フローは、できあがっているということです。また、そこで使用する新書類のデザインも完成していました。このことから、我々は配下のすべての訪問看護ステーションで、書面により新業務を開始したのです。ここでの成功のポイントは、一部のステーションではなく、ICTソリューションを使用するすべての訪問看護ステーションで行ったことです。この書類による新業務は、ICTソリューションの改善のためだと明確にステーションに伝えています。そして、そのためにこの新業務や新アセスメント手法につき意見を言うようにお願いしました。このことにより、全ステーションは、全看護師は、この新ICTソリューションの開発に自分も関わったとの実感を得ることができたのです。看護師と書きましたが、もちろん無関心な看護師もいます。しかし、この方々は関心のある方々を尊重したのです。また、ICTソリューションを実感させるために、システム・ベンダーにはインターフェース、すなわち看護師たちが日ごろ接することになる入力画面と出力画面だけは先に作成いただきました。実際に使うことになる画面イメージ、使

用イメージを感じながら、書類により新業務を行い、評価したのです。ちなみに、この書類ベースでの業務期間ですが、3か月を取りました。この3か月の間に、現場からの意見を集め、それをICTソリューションに、特にインターフェースの設計と、業務のフロー設計に生かしたのです。システムの最終調整には、実はこの期間がもっとも重要です。なぜなら、次のプロトタイプ試用段階では、最早大きな仕様の変更はできないからです。

　ということで、次の3か月間はプロトタイプ・システムによる実証期間です。現場では、すでに書類ベースの試用により、業務がどう変わるかはおよそ理解し、感じています。ここに、今度は書類ではなく、動くシステムを導入したのです。このシステムは、まだ完成品ではなく、何割かの機能は動かないものです。この動かない部分は、実は前述の書類ベースでの試用期間において、仕様をほぼ確定し、このプロトタイプ・システムの試用期間ではプログラミング作業にかかっている部分です。だからこそ、書類による試用期間が重要で、完成版・実用版のリリース時期を考えると書類による実証期間以降の大きな仕様変更はできないのです。

　しかしながら、書類によるものと、初めて動くICTソリューションでの評価は、実感も異なり、まだまだ変更すべき点が出てくるのも事実です。これは、完成版以降の日常のメンテナンスの中で変更せざるを得ないことも意味しています。このため、業務改善を含めた新たなICTソリューションは、完成後もその進化や改定をその計画に入れておくことが重要だと考えます。

　このプロトタイプのシステムでの試用期間の3か月後、ようやく完成版・実用版の提供になります。このタイミングで、重要なポイントがもう1つあります。それは、この完成版の導入寸前に、今度は完成版の説明会、および完成版を前提とした業務フローの説明会

を行うことです。この説明会での重要な点は、一方的に説明を行うのではなく、書類ベースでの試用や、プロトタイプのシステムでの試用において得られた現場からの意見がどのように完成版に反映されたかを丁寧に説明することです。すなわち、現場の人間が、この開発に関わったことを実感してもらうこと、そして開発側が現場の意見を尊重していることを見せることです。さらに追加すれば、この説明をICT開発を担当する"工学博士側"で行うのではなく、十二人の使徒、すなわち現場から開発に参画したメンバーにより説明してもらうことです。ICTソリューションの使用説明会ではなく、新業務の手順を学び、その効果を感じさせる会とすることです。

　重ねて言えば、あらゆる場面を通じて、ICTソリューションおよび新業務の開発に使用する側の人間も関わるチャンスを作り、またそれを実感できるようにすることです。これは、新ICTソリューションの導入には当然必要なことです。なぜなら、ICTソリューションは、そのモノだけでは機能せず、介護や看護の業務そのものを変えるからです。介護や看護の業務手順は、標準型はあるものの、現場現場により、あるいは人により、カスタマイズが必要です。すなわち、ICTソリューションの導入は、個々の現場にも業務そのものの開発とカスタマイズを求めることになるからなのです。

　そして、完成・導入後ですが、通常のメンテナンスと呼ばれるものが重要になります。これは、先に述べたとおり、現実に使い始めてからの不具合などへの対応が重要であり、実際使ってみなければ気づかない部分も多いからです。

　我々は、そのようなメンテナンス体制に加えてさらに学術研究を行いました。開発メンバーを十二人の使徒にすることで終わらずに、次の世代の啓蒙・啓発グループを育てていったのです。我々のケースでは、そもそもの開発が「訪問看護専用のアセスメント手法」

すなわち看護の学会における重要な提案にもあたるために、それを学会においても認めてもらう必要がありました。学会では、訪問看護専用の新たな科学的なアセスメント手法として高い評価を得たのです。そうすることにより、ICTソリューションは学会でも評価された手法に基づくものだとの位置づけを得たのです。医療や看護、さらには介護の世界は、資格を持った専門職が働く世界です。このため、学会活動も重要なポイントになります。医師や看護師は、日常的に学会活動を行っている人の割合の多い職種なのです。

　これは、自社開発だからできたこと？　違います。後の章でも紹介しますが、現場の方々が、さまざまな方法で開発に関わったとの実感を得るようにする方法はあります。否、ICTソリューションにおいて、現場には何らかの形でその導入に関わったとの実感が必須なのです。そのためには、たとえば市販のさまざまなシステムの実証評価を、現場で行うなどの方法もあります。しかしながら重要なのは、新しい業務を作ることに参加した実感です。ICTソリューションだけではソリューションとはなり得ず、ICTソリューションを入れることによって業務自体も改善して初めて役立つことは、この本の主張の中心です。同じICTソリューションを導入しても、現場により業務の進め方は異なります。この新業務の策定あるいはカスタマイズに、すべての現場が参加した実感を持つことができれば良いのです。そして、導入決定者、多くの場合には幹部であり、経営サイドの人間、これらが現場の意見を十分に踏まえたことを見せることが重要なのです。

第4章

ICTソリューションを導入した効果

1 ICTソリューションの導入後

　前章の報告どおり、導入側としては精いっぱいの配慮をして導入したICTソリューションのその後を報告しましょう。ICTソリューションには、「看護のアイちゃん」という名前を付けました。第2章では述べませんでしたが、「看護のアイちゃん」には自分たちのものだと思わせるある1つの工夫をしてありました。実は、入力画面に開発スタッフの1人である看護師のキャラクターをイラスト化して、登場させてあるのです。このキャラクター・イラストは、「看護のアイちゃん」のカタログにも記載し、ホームページでも登場し、大活躍となりました。自分の、あるいは仲間の顔が常に登場することにより、この「看護のアイちゃん」は現場からより親しみを持たれることになりました。日常業務で使うICTソリューションにおいて、このような愛称を付けること、これが意外に導入後、なじませるのに役立ったとの感触を得ています。

　まず、導入直後ですが、現場からの反応は厳しいものでした。6か月間もの導入期間、機能やデザインに意見を言うことのできる期間を置きながら、その期間にはあまり意見や不満が出なかったものが、導入後に一斉に火を噴くという感じで文句が出てきました。新たなシステムの導入においては、当然、予想していましたので、ここからが正念場と覚悟しました。この嵐は、当初の2か月でした。システム開発のスケジュールが押していたこともあり、書類ベースでの試用期間やプロトタイプでの試用期間中に決定した改善項目の改定が完了していないことも原因になりました。

　一方、このタイミングでさまざまな仕掛けをしてきたことが、効

果を出し始めました。まず、最初に教育した各地域のリーダーから、厳しい意見が集まり始めました。さまざまな新規導入において、失敗を示す最大の兆候は、誰も意見を言わなくなることです。新規導入の場合におけるこの兆候は、新規導入すべきものがまったく使用されていない、実際には使用されていないことを示しています。我々の場合にも、この新開発のICTソリューションの前に使用していたシステムのときには、現場からの意見がなくなっていました。そもそも、訪問看護専用のアセスメント手法の開発にかかるべきと考えていた筆者は、この時点でいくつかの訪問看護ステーションの現場に足を運び、その時点での旧システムに関する意見を聞いて回りました。この際に得られたのは、会社で提供されるシステムは使用せず、独自のアセスメント手法で行っていたなどの事実です。実際、旧システムの使用率は会社全体で13％に過ぎませんでした。これでは、文句すら出ない、これが事実です。しかし、この新ICTソリューションでは、2か月目には多くの文句が集まってきたのです。ちなみに、1か月目はあれほど準備期間を置いたにもかかわらず、新しいICTソリューションに慣れるだけで精一杯だったようで、これが1か月目には文句が出なかった理由です。

　文句の中心は、「遅い」「画面の遷移の順番が、多様な現場に対応しきれない」「自分の担当する患者の事例には、適応できない」などでした。「遅い」に対しては、即効薬はありません。しかし、どんなことでも無視しないのが、原則です。よって、パソコンの台数を増やすなどで、対応しました。「画面の遷移の順番が、多様な現場に対応しきれない」「自分の担当する患者の事例には、適応できない」は、進化を前提にしていたシステムであり、筆者としては、望むべくして出てきた、いわば臨床評価・実証の結果であり、成果です。しかしながら、今日も明日も、ICTソリューションを使用し

なければならない現場では、良い意見が出たと喜んでいる余裕はありません。改善策が出るまでの間も不満はたまっていき、重症化すれば使用しなくなる事態を招くのです。そこでの対策は、以下の3つを中心に行いました。

---

1) 先に育てた十二人の使徒を通じて、現場からのさらに詳細なヒアリングを行うこと
2) 十二人の使徒に、このICTソリューションは成長の過程にあり、必ず成長させると約束すること（重ねて、表明すること）
3) 十二人の使徒に、ICTソリューションは万能ではなく、あくまで人が行う作業を補完するツールに過ぎないことを伝えること（重ねて、伝えること）

　筆者と、十二人の使徒との会話で面白かったものを、下記に掲載しました。ICTソリューションを導入される際に、上記の内容を端的に示唆していると考えます。

「部長、『看護のアイちゃん』（開発したICTソリューションの名称）、動きが遅い。お客様の希望を聞いて、まずは看護をし、あとで正確にアセスメントしようとしても、『看護のアイちゃん』では遅いので記録できない。」
「青木さん（仮称）、『看護のアイちゃん』は、まだ子どもなんだ。生んだ我々が、その子ども（看護のアイちゃん）が食事をこぼしたりするのを叱るだけでは可愛そう。一緒に育ててあげてよ。」
「部長、分かりました。この子は、まだ3歳なんだ。でも、成長すれば立派な社会人にもなり、仲間の看護師にもなるんだ。

> この子を見守り、育てていきます。」

　この会話のあと、この十二人の使徒である看護師は、欠点を探すのではなく、よりよく成長させるために改良の方向（欠点ではなく）を指摘するように変わりました。また、この地域のリーダーである看護師が、欠点探しをするのではなく、改良の方向を探るために、部下の看護師たちに接し始めて、部下の看護師たちのICTソリューションへの態度が変わってきました。

続いて、3）の会話。

> 「部長、『看護のアイちゃん』ですが、○○のケースで使えません。これでは、すべてのお客様に使うことはできません。」
> 「青木さん、ICTソリューションは、所詮は人の使うツールに過ぎないのです。万能であるわけはなく、60点以上は目指してこなかった。60点まではICTで何とかしますが、そこから先は看護師の腕だよ。富士山でも裾野から登るのは大変ですが、六合目から登るのは楽でしょ。そこから先は、看護師個々の腕次第、60点で終わる人も、100点まで行く人もさまざま。」

　ここにも、ICTソリューション開発の大きな失敗要因となるICTソリューションへの幻想、過度な期待です。ICTとは、Informationすなわち情報を扱う技術であり、Communicationすなわち伝える技術に過ぎないのです。ICTソリューションがあれば、何でもできる？
　とんでもありません。しかし、ICTソリューションは60点をみんなが取れるようにしてくれるかもしれません。そのためには、業務の改善も必要だし、使う側の意識改革も必要なのです。

2 ICTソリューション使用の効果

　さて、いよいよICTソリューション使用のプラス面の効果を具体的に説明しましょう。

【図表4-2-1】『経験』の『知恵化』のため
　　　　　　──経験をデータへ、経験を数値化

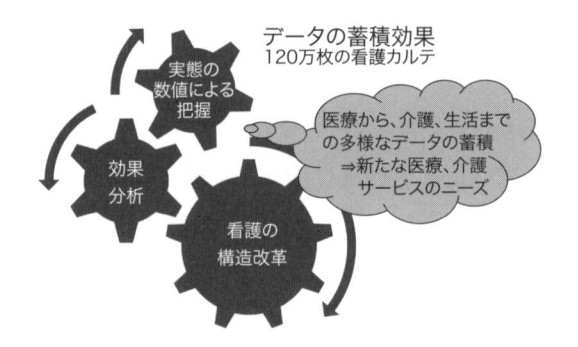

- 実態の数値による把握
- 効果分析
- 看護の構造改革

データの蓄積効果
120万枚の看護カルテ

医療から、介護、生活までの多様なデータの蓄積
⇒新たな医療、介護サービスのニーズ

　図表4-2-1は、その代表的な効果を示したものです。人の脳は、他人の経験を全く同一には感じることができません。このため、職人芸と呼ばれるような個々人のノウハウが生まれてしまうのです。また、人はその体験を普遍化することに長けているわけではありません。長けていれば、自然の中に普遍的な法則を見出す科学者という方々が尊敬を集めることはなかったでしょう。一方、ICTソリューションを使えば、その体験を、その情報を共有化できるのです。デジタル情報として記録されたものは、何度コピーされても、誰が誰に送っても、その内容は変わらないのです。この特徴から、ICTソリューションを活用すれば、遠隔地に存在する別々の方々の

情報を1か所に集め、保存することが可能です。また、この保存した情報を多くの方々と共有化することが可能です。結果として、看護師でもない筆者が、120万回分の看護経験を共有することができたのです。

　まず、第1の成果、これは400人の看護師たちの120万回に及ぶ看護の経験を、電子データ化し、共有できるようにしたことです。

　次の成果にいたる前提は、電子化されたデータは極めて処理がしやすいということです。もちろん、そのためにはICTソリューション化する前段階で、言語を共通化していくということ（標準化すること）が前提にあるのは言うまでもないことです。この処理しやすい状態を活用して、筆者を含む開発プロジェクト・メンバーはアセスメントされ分類された状態と、行っている看護内容の関係を分析しました。すなわち、どんな状態ならば、どんな看護を行っているのかを、膨大な電子データを基に解析したのです。

【図表4-2-2】科学的分析の必要性

職人芸では、進化できない！

職人芸では、集団としての効率は向上しない！

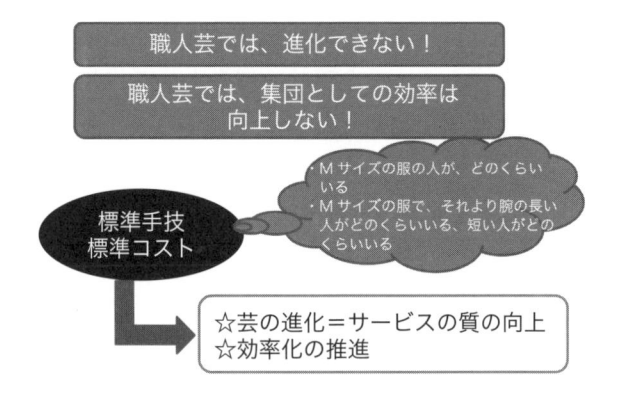

標準手技
標準コスト

・Mサイズの服の人が、どのくらいいる
・Mサイズの服で、それより腕の長い人がどのくらいいる、短い人がどのくらいいる

☆芸の進化＝サービスの質の向上
☆効率化の推進

　図表4-2-2は、科学的分析の必要性を示したものです。膨大なデータを解析するには、それなりの時間と工程数が必要です。さら

に、それ以上に科学的な解析を行えるだけの能力、人材が必要です。にもかかわらず、しかもICTソリューションを完成した後なのに、科学的な解析が必要なのでしょうか。

　まず、理解しておくべきことは「職人芸」のままでは、進化はできないということです。また、「職人芸」では、ICTソリューションを導入しても、集団としての効率の向上は実現できないということです。なぜなら、職人芸は職人が弟子に口伝で、直接伝えていくしかないからです。1対1で長い時間をかけて伝えるのが本質なのです。このために、「職人芸」を「標準手技」に変えるために、科学的な分析が必要なのです。「標準手技」が確立できれば、「標準コスト」も確定し、集団内での資源配分計画も合理的に実施できるようになるのです。さらには、ここが最も重要なところですが、標準手技に基づきデータが蓄積されれば、芸自体が進化をするということです。職人芸から、科学に変わるのです。芸術は科学ではなく、このため効率を求めません。モナリザと比較して、現在の絵画が進化したのかどうか、そもそも合理的な進化を求めず、天才を求めるのが芸です。しかし、介護や看護は芸ではならないのです。進化をしなければならないのです。また、社会保険を財源とする以上、効率化もその保険料を負担する国民に対して責任を持つことになります。ICTソリューションは、職人芸を科学に変えます。そして、この進化こそが、新たなICTソリューションの有効な使用法を導き出すのです。

　それでは、実際にどんな進化が可能なのかを見ていきましょう。これから説明するのは、『看護のアイちゃん』により蓄積されたデータを、名古屋大学医学部の山内教授と我々が共同で分析していったものです。これは先述したとおり、日本看護科学学会でも発表を認められたものです。

　『看護のアイちゃん』で蓄積されたデータを解析したものが、**図表**

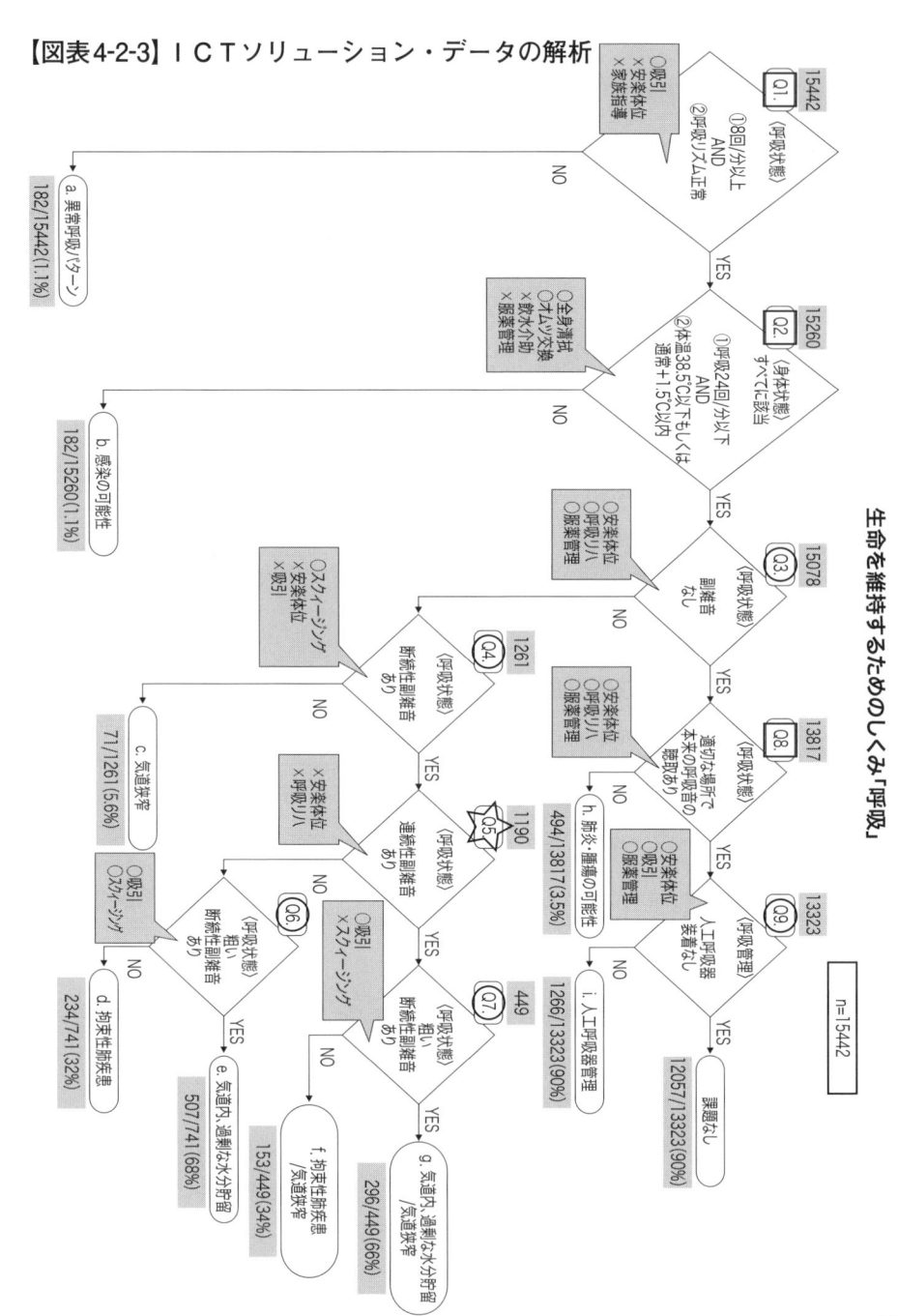

【図表4-2-3】ICTソリューション・データの解析

生命を維持するしくみ「呼吸」

n=15442

15442 Q1.〈呼吸状態〉
○吸引
×安楽体位
×家族指導
① 18回/分以上 AND ② 呼吸リズム正常

- NO → a. 異常呼吸パターン 182/15442(1.1%)
- YES ↓

15260 Q2.〈身体状態〉
○全身清拭
○オムツ交換
×飲水介助
×服薬管理
① 呼吸24回/分以下 AND ② 体温38.5℃以下もしくは通常+1.5℃以内 すべてに該当

- NO → b. 感染の可能性 182/15260(1.1%)
- YES ↓

15078 Q3.〈呼吸状態〉
○安楽体位
○呼吸リハ
○服薬管理
副雑音なし

- NO ↓
- YES → 13817 Q8.〈呼吸状態〉
 ○安楽体位
 ○吸引
 ○服薬管理
 適切な場所で本来の呼吸音の聴取あり
  - NO → h. 肺炎・播場の可能性 494/13817(3.5%)
  - YES → 13323 Q9.〈呼吸管理〉
   ○安楽体位
   ○吸引
   ○服薬管理
   人工呼吸器装着なし
    - NO → i. 人工呼吸器管理 1266/13323(90%)
    - YES → 課題なし 12057/13323(90%)

1261 Q4.〈呼吸状態〉
○スクイージング
×安楽体位
×吸引
断続性副雑音あり

- NO → c. 気道狭窄 71/1261(5.6%)
- YES ↓

1190 Q5.〈呼吸状態〉
×安楽体位
×呼吸リハ
連続性副雑音あり

- NO ↓
- YES → 449 Q7.〈呼吸状態〉
 ○吸引
 ×スクイージング
 断続性副雑音粗い
  - NO → f. 気道内過剰な水分貯留 153/449(34%)
  - YES → g. 気道内過剰な水分貯留/気道狭窄 296/449(66%)

741 Q6.〈呼吸状態〉
○吸引
×スクイージング
断続性副雑音粗い

- NO → d. 拘束性肺疾患 234/741(32%)
- YES → e. 気道内過剰な水分貯留 507/741(68%)

第4章 ICTソリューションを導入した効果

77

4-2-3です。これは呼吸器診断の例ですが、Q1の基準（8回／分以上の呼吸　AND　呼吸リズムの正常）で呼吸状態を正常ではないと判断した群（NOの群）と、その基準では正常とした群（YESの群）で、「吸引」、「安楽体位」、「家族指導」という看護において違いがあったかどうかを分析したのです。結果は、2つの群の間で、「吸引」では違いがあったが、「安楽体位」、「家族指導」では違いはなかったということです。正常でないと診断された群には「吸引」を行い、正常だと判断された群では「吸引」は行わなかったということを統計的に有意な差として見出せたということです。逆に、「安楽体位」、「家族指導」では、正常な群と、正常でない群において有意差はなかったということです。このような分析を、我々は膨大なデータを基に、すべての看護の診断項目（『看護のアイちゃん』で使用している120項目）で行いました。

【図表4-2-4】データの分析結果から見えたこと

○ 25.6%	症例も多く確実に診断し、すぐに介入が必要な群を判別
□ 57.3%	症例は少ないが、リクスが大きくすぐに介入が必要な群を判別
☆ 15.9%	特別の介入は不要だが、リスクが大きく要観察となる群を判別
× 1.2%	有効性のあまりない項目

図表4-2-4は、120項目のすべてに同様の分析を行い、その結果を研究メンバーで解析した結果です。これは先に述べたとおり、ICTソリューションである『看護のアイちゃん』のデータを、開発プロジェクト・メンバーである名古屋大学医学部の山内教授をはじめ、開発に関係した看護師である岩城馨子、谷口（旧姓吉村）奈央、藤原祐子、吉井朋代の4名の看護師と筆者により行ったものです。

120の診断項目は、○、□、☆、×の４種類に分かれました。本書は、訪問看護の本ではないので詳しくは述べませんが、ICTソリューション導入の大きな成果としての部分を報告しておきます。○の項目と、□の項目は、YESの群とNOの群で行われている看護内容が大きく異なったのです。これは、この診断を行うことで、看護内容を変えねばならない重要な項目であることを統計的にも示しています。一方、×の群は、診断することに意味のない項目でした。ここで、ICTソリューションによるデータの大量さと分析しやすさで、新たな発見ができたのは☆の項目です。☆の項目には２種類のタイプがあることが判明しました。１つは、その項目だけでは看護内容は変わらないが、他の項目との組み合わせによって、看護内容が変わった群です。もう１つは、診断した際には看護内容を変える必要はないが、近い将来に看護内容を変えることが必要になる群です。これは、訪問看護が、病棟看護と異なり常には看護師が患者のそばにいないため、次の訪問までにリスクが変わる可能性のある群を診断したもので、いわば要観察群とも言えるものです。ICTソリューションによる巨大なデータ量と、そのデータの分析の容易性は、経験的には分かっていたものの数学的に証明できることを可能にしたのです。

　これは、我々の訪問看護事業において、あるいは訪問看護サービスにおいて何を生み出したのでしょうか。観察・診断項目が、組み合わせて意味がある項目、要観察群を見出すために行う項目、そしてすぐその場で何らかの看護ケアをしなければならない項目としてそれぞれ分かったのです。

　ICTソリューションは、アセスメント手法を便利に使えるようにしただけでなく、アセスメントの極意のようなものまで見出したのです。ICTソリューションがなければ、このような診断項目ごとの

特徴と、診断項目ごとの結果のとらえ方を、優秀な看護師の職人芸的経験の蓄積でしか見出せなかったでしょう。しかしながら、ICTソリューションは、新たに開発したアセスメント手法の「極意」をわずか1年足らずで創造することにも貢献したのです。

　より即物的な効果、すなわち時間の短縮、コストの削減を経営者は期待するでしょう。これは言うは易く、証明し難いものの典型でしょう。しかし、現場において手書きで行った業務を、ICTソリューションに変えたからといって大きな時間短縮はありませんでした。今回は、ICTソリューションがアセスメントという看護の根幹業務を対象とし、看護師の頭脳が判断する業務が主体であったため時間をあまり削減できなかったと推察されます。すなわち、アセスメント業務全体の中で看護師の頭脳による部分が多くの時間を占めるために、ICTソリューションよりもアセスメント手法の構造が時間に影響を与えたためです。この新しいアセスメント手法は、そもそもの看護診断の構造を科学的体系的に進化させており、長期的に見れば時間改善は見られました。しかし、教育や慣れを要する部分であり、ICTソリューション導入という即物的な感覚では効果は少なかったということです。

　ICTソリューションは、即物的な効果以上に、訪問看護のアセスメントに誰にでも分かる極意を見出し、大きな進化をさせたのです。長期的に見れば、看護師の育成時間などを含めて、革命的なほどに効率を改善したということです。

3 介護分野における ICTソリューションの導入

　介護分野において、特に訪問看護分野において、雇用問題は経営上の最大の課題です。事業経営上のコストにおいて、極めて大きな部分を占めるのが雇用コストなのです。よって、ICTソリューションの導入によりここに効果が出れば万々歳です。我々は、ICTソリューションの開発において、この部分にも期待をしていました。ただし、重ねて言いますが、我々の開発の最大の目的は訪問看護サービスの質の向上にあったということです。さらに言えば、ICTソリューションの導入をたった1つの目的だけで行うわけはありません。当然のごとく業務効率の改善を図り、業務負担の軽減をも狙っています。

【図表4-3-1】雇用への効果

ICTソリューションによる看護の質の高さ ＋ ICTソリューションによる業務負担低減 ＋ ICTソリューションのある職場のカッコよさ → 入職者の増加 ＋ 離職者の低減 → 雇用コストの低減

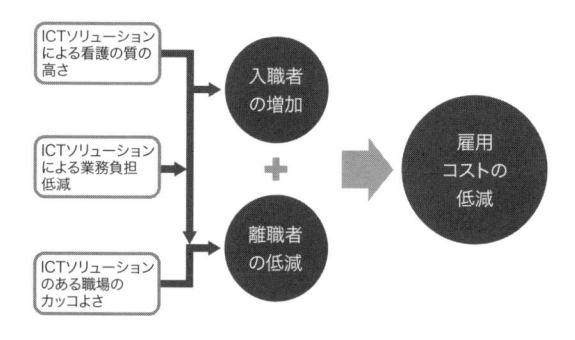

　図表4-3-1は、訪問看護ステーション経営上の最大の課題たる雇用への影響を見たものです。我々は、ICTソリューションを導入することにより、看護の質の向上は当然期待していました。また、業

務負担が低減されることも狙っていました。しかし、それだけではなく、カリスマたる名古屋大学医学部の山内教授と共同開発したアセスメント手法によるICTソリューションをモバイル・コンピュータによって使用するという未来的なカッコよいイメージでの雇用効果も狙っていました。すなわち、上記3つが複合的に影響し、1つは新規の入職者すなわち新規雇用において効果が上がること、1つは離職者が大幅に減ることを期待していました。その結果としては、雇用コストが大幅に低減され、ICTソリューションの開発と導入のコストを支出してもあまりあるだろうと予測していました。

【図表4-3-2】雇用の継続

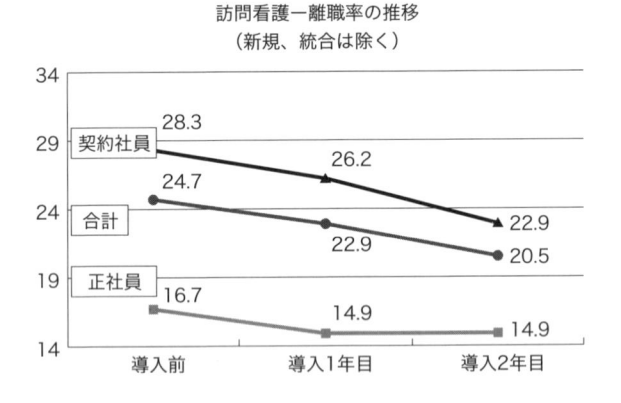

訪問看護―離職率の推移
（新規、統合は除く）

	導入前	導入1年目	導入2年目
契約社員	28.3	26.2	22.9
合計	24.7	22.9	20.5
正社員	16.7	14.9	14.9

図表4-3-2は、その実際の効果を見たものです。すなわち、新ICTソリューションの導入前、導入1年目、導入2年目のパート社員やアルバイトを含めた離職率を示したものです。ちなみに、ICTソリューションの導入は、書類による新業務の導入を3か月間、プロトタイプによる導入を3か月間をかけています。すなわち、導入1年目は新ICTソリューションが実際に本格稼働した期間は6か月

間に過ぎないということです。どのタイミングを持って導入効果かという問題については、ICTソリューションが業務改善をも含んだものだとの考えから書類による新業務の導入時から導入効果もしくは導入のプリ効果が現れるとして1年目に加えました。また、離職率は短期間で集計しても季節要因等が加わるため、あくまで1年を単位として計測しました。さらに、ICTソリューションの導入と同じ時期に、人事評価基準の変更、教育・研修体系の変更、開発プロジェクトの多様化などの様々な政策も実施しており、必ずしもICTソリューション導入の効果のみではないことを付け加えておきます。さはありながら、看護師においてアセスメントとは業務の基本であり、最大の業務であることから、ICTソリューションによる新アセスメント手法の導入とアセスメントの有り方の変更が小さな影響であったはずはないと確信しております。

　それでは、数字を見ていきましょう。まずは、契約社員＝パート看護師を含む全看護職の離職率ですが、導入前は24.7％あったところ、導入1年目に1.8％改善の22.9％、導入2年目に4.2％改善の20.5％と改善が見られました。この数字には、さまざまな雇用形態を含みつつ、勤務時間を1日当たり8時間に満たない短い者を多く含むため、実際の離職率よりは高くなっていることを付け加えておきます。ここでは、週に1日しか働かない看護師も、1人の離職として計算しました。一般に訪問看護分野は、病院分野に比べて、一定の場所（病院）での勤務ではなく、また1人で在宅を訪問して看護したいとの独立心のある看護職が多いため離職率は高めとなります。また、自由な時間を求める看護職が多いことから、大きな割合の看護職が正社員ではなく契約社員であることも離職率を高める方向に働きます。よって、正社員の数字を見てみると、これは導入前は16.7％あったところ、導入1年目に1.8％改善の14.9％、導入2

年目は変わらず14.9％となりました。ICTソリューションや、新アセスメント手法を使いこなすには、まさに習うより慣れろで、実務で使用する時間が必要です。この時間が、正社員には多く、契約社員では少ないため、正社員では早めに効果が出たのでしょう。ちなみに、この数字は現在から2年ほど前のものであり、現在では正社員の離職率はさらに5％以上低下していることを報告しておきます。

セントケアでは、訪問看護職がおよそ400人ほどおります。4.2％の改善は毎年、看護職の離職を17人ほど防いだ計算になります。これを採用コストで考えれば、毎年4ケタ、すなわち1,000万円以上の規模のコスト削減ができているということになるのです。さらに言えば、正社員の中でも訪問看護ステーションの管理者となるとその離職率は圧倒的な改善が見られ、今や数％（1ケタの下のほう）にしか過ぎません。これは、ICTソリューションの効果を得るのが、スタッフ看護師よりも、訪問看護ステーション全体の質の管理に責任を持つ管理者だからでしょう。さらに言えば、管理者になろうという看護師は、一般的に質に対する思いも高いからだと予測されます。これを経営側で言えば、訪問看護ステーションの質の管理から運営や労務管理まで責任を持っていただけるベテラン看護師の離職率低下に、ICTソリューションは大いなる効果があったということです。

この章の最後として、ICTソリューションを導入した効果の重要な点、働くスタッフの思いに最後に触れておきましょう。

まず、もっとも重要な成果。それは、十二人の使徒を得たことです。筆者のケースでは、十二人ではなく訪問看護のアセスメントの本を一緒に執筆したのは十一人でした。この十一人のうちの6名は、セントケアにおける訪問看護事業を推進するコアとなりました。筆者は、この6人をメンバーにセントケアの中に新たに訪問看護事業

部を創設しました。この訪問看護事業部が、それ以降のセントケアにおける訪問看護事業の戦略を策定し、推進していくことになりました。まさに、その組織ができたのはこのICTソリューション開発プロジェクトのおかげです。

　次の成果としては、新たなICTソリューションの日本で最初の使用者になったことで、同士意識も醸成されたことです。このことがベースとなって、各訪問看護ステーションの看護師はICTソリューションを使用するだけでなく、外部の看護師たちにこの新ICTソリューションを、あるいはこの新しいアセスメント手法を広めるという役割意識を強く持ったのです。説明を受ける側では理解が浅くとも、説明する側になったとき理解は深まり、さらに心理的には応援者側にもなったのです。

　次に重要な成果は、ICTソリューション開発により標準化されたノウハウが、看護師間の教育において大いに役立ったということです。標準化は、ICTソリューションの前提であるとともに、その効果は教育のあり方にも及んだのです。看護師たちは、教育においてこのICTソリューションを活用し、パソコンの画面を見ながら指導するようになったのです。患者の状態を、教育対象の看護師と一緒に観察し、一緒にICTソリューションを使ってアセスメントを行ったのです。座学で教えるよりも、実務の中で一緒に看護の基本を実践することが、どれほど有効であったか計りしれません。我々は、さらにアセスメント能力のレベルアップを会社としても評価すべく、人事考課における評価項目中の10％は、このアセスメント能力とすることで応えました。

【図表4-3-3】感動体験

A看護師35歳（訪問看護ＳＴの責任者として、日々新人教育に悩む）

「今まで、新人の看護師に訪問看護を教えるのに本当に苦労しました。1か月間は同行訪問し、自分のやり方を見せます。それから、1か月をかけてやらせてみせます。丸2か月たって、ようやく独り立ちです。」

「でも、看護を見せている時、どうしてこういう看護をしているのかをうまく話せないことが多く、『看護は、現場の経験こそが重要』、『ごちゃごちゃ言わずに、経験しなさい』と言ってしまいました。」

「しかし、このアセスメントを使いだしてから、今まで言葉で説明できなかったことが、新人にちゃんと説明できるようになりました。自分のノウハウや教えたいことを、ちゃんと言語化できるようになりました。」

出典：谷口奈央「第18回　日本家族看護学会シンポジウム」

　図表4-3-3は、日本家族看護学会で十二人の使徒の１人である看護師が発表したICTソリューション導入の効果を示したスライドです。『看護は、現場の経験こそが重要』『ごちゃごちゃ言わずに、経験しなさい』が、まさに職人芸であり、職人芸の教育、徒弟制度であることを示しています。徒弟制度による教育は、師匠が優秀でなければ、学んだもの自体のレベルが低いことになります。これでは、組織としては成り立ちません。それが、このICTソリューションの導入により、『自分のノウハウや教えたいことを、ちゃんと言語化できるようになりました』という言葉を管理者が話すようになったのです。標準化ができたことにより、言語化ができ、さらにこれをICTソリューション化することにより、現場でのOJT教育が可能になったのです。ICTソリューションがなければ、たとえノウハウが標準化され言語化されても、それを座学かなんかで教えなければなりません。あるいは、新人に対して、ベテランが同道して、アセス

メントを実地指導しなければなりません。現実に、このA看護師も同道による実地指導は行っていたのです。ところが、ICTソリューションがあれば、同道していなくともICTソリューションがモバイル・パソコンを通じて、アセスメントと分析結果を示すのです。必要があれば、現場で新人看護師がアセスメントしたものを、同時に別の場所でベテラン看護師が確認することも、指導することもできるのです。これにより、新人看護師たちに対する教育は、旧来、同道に1か月、完全独り立ちまで2か月かかったものが、うまく行く場合には約半分の期間でできるようになったのです。

　このICTソリューションによる進化は、あるいは効果はここにとどまってはいません。

　ICTソリューション導入の効果として、最後にご報告するのは次のICTソリューションの発明です。

　図表4-3-4、**図表4-3-5**は、『看護のアイちゃん』というICTソリューションがきっかけとなって生まれた次なる開発です。ICTソリューションの導入は、患者の状態や、担当した看護師と介入効果などを分析できるデータを提供することとなりました。そして、何よりもモバイル・パソコンによるICTインフラが構築されるところとなりました。

　このインフラがあることにより、次なる開発にかかる障壁が低くなることとなりました。訪問看護師は、当然ながら地域に住んでおられる患者のお宅を訪問し、そこでさまざまな状態の方に看護を提供します。そのため、看護師ごとにどの患者を担当し、どのような順番で訪問していくかが大きな課題となります。訪問看護ステーションの管理者は、看護師の熟練度や専門分野、患者の重症度やお宅の場所などを考慮した担当・訪問先を決定しなければなりません。これは、単純に最短を回ればよいNaviシステムではなく、複雑な計

【図表4-3-4】新しいソリューションへ

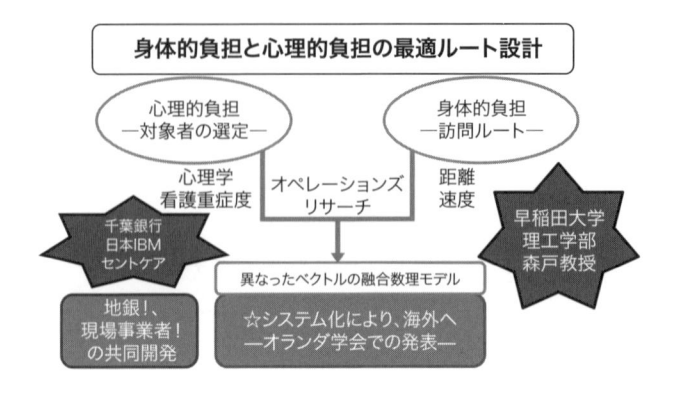

身体的負担と心理的負担の最適ルート設計

- 心理的負担 —対象者の選定—
  - 心理学
  - 看護重症度
- 身体的負担 —訪問ルート—
  - 距離
  - 速度
- オペレーションズリサーチ

異なったベクトルの融合数理モデル

☆システム化により、海外へ —オランダ学会での発表—

（千葉銀行／日本IBM／セントケア）
（地銀!、現場事業者!の共同開発）
（早稲田大学理工学部 森戸教授）

【図表4-3-5】電子聴診音による地域ケア連携システム

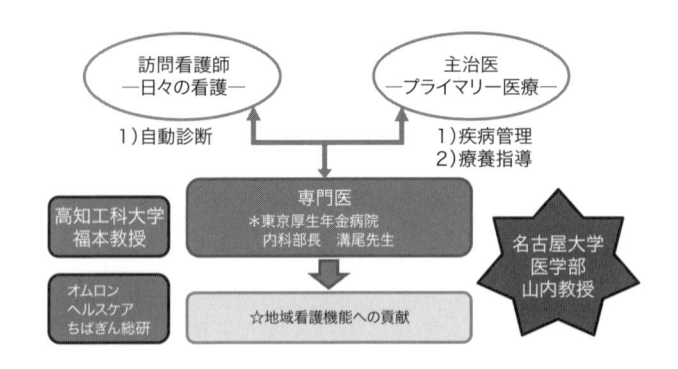

- 訪問看護師 —日々の看護—
  1) 自動診断
- 主治医 —プライマリー医療—
  1) 疾病管理
  2) 療養指導
- 専門医
  ＊東京厚生年金病院 内科部長 溝尾先生

☆地域看護機能への貢献

（高知工科大学 福本教授）
（オムロンヘルスケア／ちばぎん総研）
（名古屋大学医学部 山内教授）

算が必要になります。それゆえ、管理者ごとに腕前の差が大きく表れる業務でもあるのです。これを、我々はシステム化することとしました。たとえば、腕の良い看護師に、重症の方をどんどん回らせてはへたばってしまいます。そこで、腕の良い管理者は、ある日はきついコース、ある日は楽なコースと、1件目はがんの末期、2件目は運動リハなど、緩急をつけたり分野を分けたりして、担当割と

訪問先の順番づくりをしているのです。このロジックの解析を、早稲田大学のOR（オペレーションズ・リサーチ）が専門の森戸晋教授と組み、三鷹の訪問看護ステーションを最初のフィールドとして行いました。そして、最初のICTソリューションである『看護のアイちゃん』と連動したICTソリューションとして提供することになったのです。本書が出版されている時点においては、すでに訪問看護だけでなく訪問介護においてもその対応は広がっているはずです。さらに、今は電子聴診器を活用した呼吸器音の自動診断システムの解析にもかかっています。すなわち、ICTソリューションは、そのICTインフラが整備されることにより次なるシステムの参入障壁を次々に下げる効果もあるのです。

第5章

事例紹介
──最先端の現場から

この章では、ICTソリューションの導入における事例と効果を見ていきましょう。
　第1には介護分野での報告を2つ。それから、次に医療分野での方向としましょう。ちなみに、本章は事例の報告をできる限り、現場感覚で感じていただきたく、最後の在宅医療の試み以外は、現場で実際に携わってきた方々に執筆していただくこととしました。
　介護分野としては、セントケア・グループにおける介護保険での多くの事業所の回収請求までの事務を一元的に行うシステム『Suisui』を事例として報告します。これについては、セントケア・ホールディング株式会社医療企画本部事業開発部主任の村田絵理沙氏に報告していただきました。介護の2番目の事例としては、最近のICTソリューションで脚光を浴びている「TV電話」の報告です。介護保険制度では、2012（平成24）年度の介護保険法改正で定期巡回・随時対応型訪問介護看護という新たなサービスが開始されました。このサービスでは、コールセンターの設置が義務付けられ、必要な際に随時の訪問が必須のサービスです。このため、効率化は不可欠であり、「TV電話」の導入が進んだのです。これについては、セントケア・ホールディング株式会社医療企画本部事業開発部課長代理の牛島美恵子氏に報告していただきました。
　次には東京都新宿区の医師会を中心とした新宿区における試みを、そのプロジェクトのメンバーとして活躍されたJCHO東京新宿メディカルセンター（旧東京厚生年金病院）内科部長の溝尾朗先生にご報告いただきます。この試みは、地域の診療所のみならず急性期医療病院が参画し、訪問系サービスにまで広がった画期的なものです。
　最後に、ICTを使った在宅医療の先進的な試みとしての医療法人社団鉄祐会祐ホームクリニックの試みを、筆者が報告させていただ

きます。この試みは、医療に止まらず、高齢者先進国モデルとして生活支援にまで広がった画期的なものです。しかも、東日本大震災で被災した宮城県石巻市の復興を医療面から支えたことでも画期的なものです。それでは、まず介護の報告からいただきましょう。

第5章 事例紹介――最先端の現場から

1 介護経営管理サポートシステム『Suisui』導入事例

（1）システム開発と介護現場

　最近でこそ介護現場も業務分掌が進み、管理者は管理業務に、介護スタッフは介護業務に、それぞれ従事できる体制が整いつつありますが、介護保険法施行当時は管理者も現場に出ずっぱりで、管理業務はすべて残業ということも珍しくありませんでした。ホテル業や飲食業など介護以外のサービス業でICT化が進む中、多くの介護現場では、手作業による請求回収業務や勤怠管理業務が当たり前のように行われていました。

　セントケア・グループでも介護保険法の施行前後、いくつかのシステムをシステム開発会社から導入し請求回収業務等を行っていましたが、会社の規模が大きくなるにつれコールセンターシステムやグループホーム用請求システム、訪問看護レセプトモジュールなどのすべてを本社で一括コントロールできない不便さが顕著となっていました。また、深刻な問題として当時、営業所の情報は営業所のPCでしか閲覧できず、運営状況の確認などの情報を会社全体として共有を図る上で大きな障害となっていました。この状況を鑑み、経営の質を上げるためにもデータの一元化と、そのデータを分析し経営指標として活用できるようなシステムにすることが求められていました。

　しかし、そのようなシステムは当時存在していなかったので、より正確な請求回収業務を目指し、さらに経営判断の材料として使用できる帳票類の作成もできるものという考えに基づき、グループ会

社の1つであるセントワークス(株)で介護経営管理サポートシステム『Suisui』を開発するに至りました。また当時、自社（グループ会社を含む）でエイジングシステムと呼ぶ売上管理システムや勤怠システムなども開発していましたが、債権管理の機能がついたシステムが存在しなかったため、『Suisui』は介護経営管理サポートシステムとして開発することとなりました（**図表5-1-1**）。

【図表5-1-1】Suisuiの開発

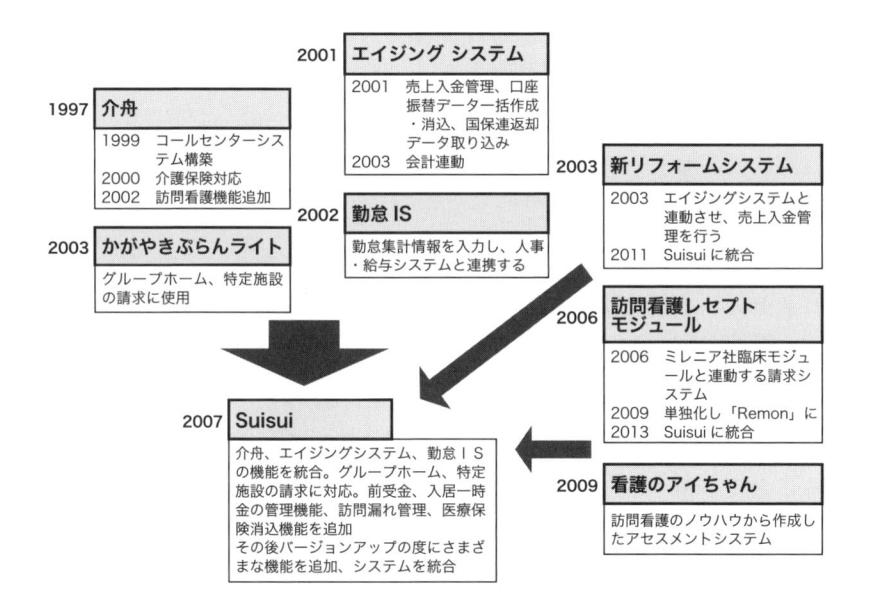

1997	介舟	1999 コールセンターシステム構築 2000 介護保険対応 2002 訪問看護機能追加
2001	エイジング システム	2001 売上入金管理、口座振替データ一括作成・消込、国保連返却データ取り込み 2003 会計連動
2002	勤怠IS	勤怠集計情報を入力し、人事・給与システムと連携する
2003	かがやきぷらんライト	グループホーム、特定施設の請求に使用
2003	新リフォームシステム	2003 エイジングシステムと連動させ、売上入金管理を行う 2011 Suisuiに統合
2006	訪問看護レセプトモジュール	2006 ミレニア社臨床モジュールと連動する請求システム 2009 単独化「Remon」に 2013 Suisuiに統合
2009	看護のアイちゃん	訪問看護のノウハウから作成したアセスメントシステム
2007	Suisui	介舟、エイジングシステム、勤怠ISの機能を統合。グループホーム、特定施設の請求に対応。前受金、入居一時金の管理機能、訪問漏れ管理、医療保険消込機能を追加 その後バージョンアップの度にさまざまな機能を追加、システムを統合

（2）導入による現場のメリット

　導入時には混乱もあったものの、自社開発したシステム『Suisui』は大いに現場を助けました。正確な請求回収業務や勤怠管理など、明らかに業務の質が上がりはじめたのです。『Suisui』を使うことで

管理者の技量に左右されない事務作業が確立されました。2007(平成19)年に自社開発による『Suisui』が完成し、グループ全社の全営業所に導入されたのちは経営指標となるデータを抽出したり、正しく国保連請求ができたりとメリットは多大なものでした。しかし、もちろん問題もまだまだあります。現場からの要望は、「もっと使いやすいもの」「もっと仕事が楽になるもの」など絶えることなく続き、また高度化していきます。それでも、何度となくシステムのバージョンアップを重ね、現場の声に応えるべく歩みを続けています。そんな苦悩の連続である開発側にも、介護会社である自社で使うシステムを開発することは大きなメリットがありました。

(3) 自社開発するメリット

　ICTソリューションの活用は、介護現場が助かることだけではありません。自社開発というチャレンジには、膨大な投資やリスクを伴いますが、外販することで開発費の回収が見込めたことに加えて下記のようなメリットが生まれました。

　すなわち、セントケア・グループがホールディング制をとっていることで、同じグループ企業が開発したICTソリューションを、同じホールディングの支配下にあるサービス提供会社に使用させることを義務化し、開発投資の回収リスクを大幅に低減させたことにあります。さらにメリットと言えるのは、サービス提供会社＝現場が、グループ内のシステムとして今後も使い続けるシステムであるという意識を持ち、積極的に改善意見を述べてきたこともあります。また、セントケア・グループは業界においても比較的大きな規模になっていたことから、外販先からも「セントケアが作っていて、さらに自社の現場で使用しているものなら安心」という反響もありました。

このように自社開発には多くのメリットがありました。セントケア・グループが以前使用していた業務系システムは、メール・システムのレスポンスが悪かったり、予定表を共有しづらかったり、ウイルスに感染しやすいなどのリスクもありました。それを、自社開発し社内ホームページ上にひとまとめにしたことにより、規定や書式・マニュアルのダウンロードが可能となり、それは利益計画や在庫管理・人事評価といった書類の提出を容易にし、経営判断材料を本社ですぐ共有できる状況を実現することとなりました。このことは、会社全体の情報共有を大きく改善させたと言えます（**図表5-1-2**）。

　また当時、営業所の請求回収業務などの債権管理業務において、エリアセンターという本社の一部門が全国をエリア担当制で巡回して請求回収の漏れ防止などに努めていました。それには多くの人件費と労力が必要とされ、非効率なものでした。しかしそれを、自社システム化し一元管理を可能にしたことで、巡回の必要がなくなり必要以上にかかっていた人件費を削減できたことは大きな利点となりました。

　また、サーバを設置したことで情報システム担当者側が社内で臨機応変に対応でき、障害発生を減らすことができたこともメリットの１つでした。自社開発の統合システムに切り替えることで、本社の一角からの間接的なフォローによる正しい請求回収業務ができるようになったのです。

【図表5-1-2】Suisuiのイメージ図

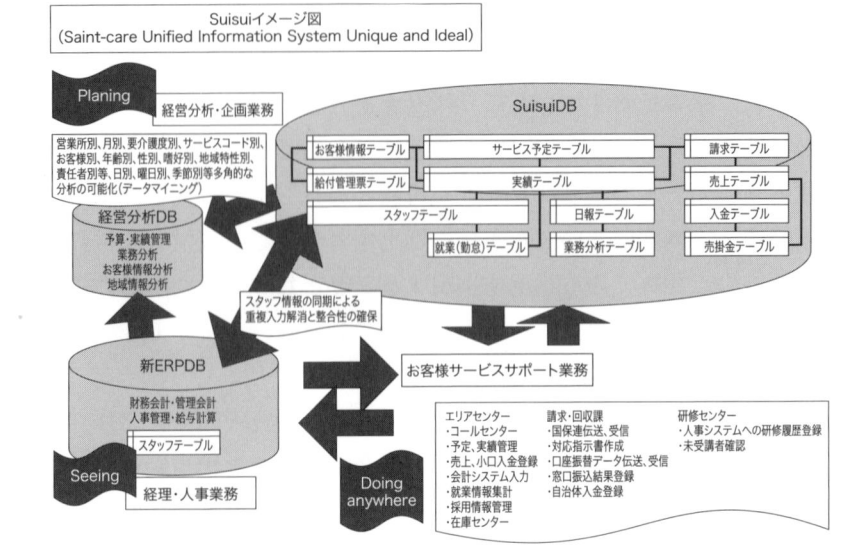

Suisuiイメージ図
(Saint-care Unified Information System Unique and Ideal)

Planing — 経営分析・企画業務

営業所別、月別、要介護度別、サービスコード別、お客様別、年齢別、性別、嗜好別、地域特性別、責任者別等、日別、曜日別、季節別等多角的な分析の可能化(データマイニング)

経営分析DB
- 予算・実績管理
- 業務分析
- お客様情報分析
- 地域情報分析

SuisuiDB
- お客様情報テーブル
- サービス予定テーブル
- 請求テーブル
- 給付管理票テーブル
- 実績テーブル
- 売上テーブル
- スタッフテーブル
- 日報テーブル
- 入金テーブル
- 就業(勤怠)テーブル
- 業務分析テーブル
- 売掛金テーブル

スタッフ情報の同期による重複入力解消と整合性の確保

新ERPDB
- 財務会計・管理会計
- 人事管理・給与計算
- スタッフテーブル

Seeing — 経理・人事業務

Doing anywhere

お客様サービスサポート業務
- エリアセンター
- コールセンター
- 予定、実績管理
- 売上、小口入金登録
- 会計システム入力
- 就業情報集計
- 採用情報管理
- 在庫センター
- 請求・回収課
- 国保連伝送、受信
- 対応指示書作成
- 口座振替データ伝送、受信
- 窓口振込結果登録
- 自治体入金登録
- 研修センター
- 人事システムへの研修履歴登録
- 未受講者確認

(4) Suisui導入の苦悩

　ここまで、開発の経緯とメリットを述べてきましたが、もちろん何の問題もなくスムーズに開発・導入できたわけではありません。開発者と使用者双方にさまざまな苦悩がありました。

　使用者である介護現場の管理者や所長は、ICT化の先行したメーカーや流通などの他業界の同職位に比して、PCスキルに疎い傾向にあります。これは、そもそも介護分野用のICTソリューションが普及していないことにも原因がありますが、この場合のPCスキルとは、何もOfficeやExcelといったPCのソフトを使いこなせるという意味ではありません。基本的な、ソフトを立ち上げる→必要な情報を打ち込む……といった一連の作業にも不慣れな状況を指しています。さらに言うと、キー・ボード操作が苦手なことも挙げられま

す。このようなPC作業を得意としない管理者に対しては、PCスキルの向上教育が求められます。しかし、日々の介護現場業務を抱えながらではそのような教育の場を設けること（参加すること）は非常に難しく、現実的な対策とはなりませんでした。その結果、本社のIT部門に操作に関する問い合わせが殺到することとなったのです。

　また、システム導入には付き物である操作マニュアルの種類の多さと冊子の厚さも利用意欲を減退させる原因でした。これも、PCスキルを身に付けることが難しいのと同じように、日々の業務の中で分厚いマニュアルに目を通す時間を生み出すことは容易ではなく、利用者側は直接目の前でPCを使いながら説明を受けたいという気持ちを強くさせていました。そして、開発側はそれに応えるべく全国を飛び回って説明を行うこととなったのです。

　一方、新たなICTソリューションを開発したセントワークス社の担当者は、突然の事業規模の拡大に加えて、介護保険制度のめまぐるしい変更などによる導入時期の制約からシステムの検証期間が短縮されるという事態に四苦八苦していました。ある部位のシステム開発などは、1年間の開発期間が半年に半減されたり、開発が完了するやいなや現場への落し込み作業に追われることになりました。しかし、開発側も必死でした。なぜなら請求回収システムを正確に理解し、毎月の処理を行わないと報酬を得られないからです。また、お客様への誤請求が発生すると信用を失う恐れがあるため、確実に現場がシステムを理解し利用できるようになる必要があったのです。

　そのような状況でIT部門は、システム自体をいかにして現場にスムーズに導入するか策を練りました。1つは画面遷移の分かりやすさの追求です。もう1つはマニュアルを送付するだけでなく、実際にその場でパソコンを使用しながら説明を行うことでした。この

どちらを疎かにしても、システムを正確に使ってもらえなかったり、殺到する問い合わせに本社機能が損なわれ、本来業務を行えない状況となることが危惧されました。

　丁寧な落とし込み。これが介護業界でICTを活用するうえで欠かせない肝の1つとなるかもしれません。

（5）介護現場とICT

◼️セントケア以外の介護系企業のICT活用

　ここまでは、セントケア・グループのICT活用について述べてきましたが、他の介護大手企業が利用しているICTソリューションにはどのようなものがあるのでしょうか。

　たとえば、大手介護系ソフト開発会社が展開するポータルサイトに、導入したアプリケーションをインターネット接続することで利用できるものや、タブレット型端末を利用することでどこからでもアクセス可能で便利な物など、システムの性質はより操作が簡単で身近に感じられ、手軽に使えるものが増えてきています。

◪介護現場でICTが普及しない理由

　ここまで、事例を挙げてきましたが、結局のところICTが普及しない理由はどこにあるのでしょうか。その大きな理由として、先に挙げたPCスキルの低さとそれを向上させる機会を持つことの困難さが挙げられます。また、ICT化してもすぐに目に見える効果が得られないことも普及にはずみがつかない理由として考えられます。前者はPCスキル確保などの導入において綿密な行程組みがなされなければ介護現場に導入後、即使用してもらうのは困難だということです。また後者は、いったんICTソリューションが使えるように

なれば、どれだけ業務の負担が軽減され、またサービスの質が向上するかを現場に丁寧に説明しなければならないことを意味しています。

　以上の２つの理由から、介護の現場を熟知していないIT会社の人間のみでICTソリューションを開発したのでは、いくつかの操作改善だけで終わってしまい、介護現場において業務が効率化されるという成果は得がたく、そのようにして開発されたものに対し、利用者側から「これなら手作業のほうが楽なのに」といった不満が生じる、結局使用しないという現象が起き得る可能性が高いと言えます。こうしたことを防ぐ意味でも、セントケア・グループでは自社開発を行ったのです。

❸今後ICT機能に求められるもの

　現在、ICTを活用する介護系企業が少しずつ増えてきています。これらに共通して言えることは、2025（平成37）年の後期高齢者人口のピークを迎え撃つだけの人材確保が非常に難しいということです。いかにして事業を継続するかは、効率的な人材活用を実現し、本来業務に集中できるようにするため、ICTを活用する以外にないということです。

　セントケア・グループでも今後、「訪問ルート作成支援サービス」という新機能を『Suisui』に追加開発し、訪問系サービスの現場におけるスタッフの負担軽減や本来業務にあたることを目的として動いています。

　訪問系サービスの現場は、施設のように必ず毎回、営業所＝管理機能も持つ場所に出勤するとは限りません。自宅とお客様宅を往復するだけということも少なくなく、そのような場合、営業所で月次のスタッフの勤務状況を把握し、また直行直帰などを含む訪問ルー

トを計画することは、豊富な現場経験や論理的思考を必要とする非常に高度な業務の1つと言えます。それを、機械に任せてみる、というのが本サービスです。お客様とスタッフの相性をさまざまな面からデータとして蓄積させ、それを掛け合わせて時間も性格的相性もサービス技術も最適な組み合わせを抽出しルート化して表示する。それはいくつもの波及効果を生むことが期待されてもいます。

　1つは、ルート作成業務を行う人間の負担を減らすことです。さらに、サービス提供におけるさまざまな業務の負担を適正化することにより離職率の低下にも結び付けられます。その他にも、ルート表示は地図に落とすこともできるため、技術は備わっていてサービス自体は独り立ちできるのに、道が分からず同行を必要とする新人スタッフを減らすことも可能です。この結果は、ベテランスタッフが道案内ではなく本来の業務を行うことができるようになり、生産性を上げることなどの効果も生み出します。

　介護サービス事業は人件費率が非常に高い。では、ロボットなどの力を借りて人件費を抑えて利益を出せばいいと考える人もいるかもしれません。しかし、介護サービス自体は「ヒト」でなければ安心安全安楽には提供できないと筆者は考えます。ならば、管理業務を効率化して「ヒト」ではできないことを機械化するなどし、コスト減とサービスの効率化を進めるべきではないでしょうか。

2 定期巡回・随時対応型訪問介護看護におけるICT活用事例

(1) 定期巡回・随時対応型訪問介護看護におけるICTの必要性

1 背景

定期巡回・随時対応型訪問介護看護とは、2012(平成24)年の介護保険法改正で誕生した、介護保険制度の中でもまだ新しいサービスです。

従来の制度では、必要なサービスを受けるためにはあらかじめ時間と必要なサービスを決め、その通りに介護士や看護師に来てもらうようになっていました。しかしそれだけでは、急な体調の変化やご家族の予定に対応することは困難です。2025(平成37)年の後期高齢者人口のピークに向け高齢者人口が増える中、今まで以上に在宅で重度介護者を支えていくことが必要と叫ばれています。このため、在宅での要介護者の生活を支えるために、2012年、介護保険制度に「定期巡回・随時対応型訪問介護看護」が創設されました。

2 制度概要

定期巡回・随時対応型訪問介護看護は下記の2本の柱からなっています。

①定期訪問：あらかじめ予定を組む定期的な訪問
②随時訪問：利用者、家族の要請に応じた随時の訪問

この2つの訪問を、24時間365日、介護職員と看護職員が必要に応じて行い、要介護者の在宅生活を支えます。利用料は介護度に応じた定額制。利用者の立場からすると、在宅にいながら困ったとき

にすぐに手を差し伸べてもらえる、本当に安心なサービスです。

❸ 事業者の抱える課題

　それでは、このサービスは全国でどのくらい広がっているのでしょうか。

　厚生労働省の調査によると、2013（平成25）年2月末時点で事業所数414か所、利用者数6,261人です。利用者数では、創設当初の計画1万2,000人の約半数に留まっています。

　なぜここまで計画との乖離が起こってしまったのでしょうか。

　大きな課題の1つに、事業としての難しさがあります。サービスを提供する事業者から見ると、24時間365日の随時訪問のために常に人員を待機させることは大きな負担となっており、参入事業者が増えないのが現状です。

　利用者にとって月々定額を支払えば、いつでも必要なときに職員に来てもらえることは大きなメリットですが、裏返して事業者からすると、訪問をすればするほどその分の人件費がかかりコストが重んでいくのです。利用者の在宅生活を支えるためには、支える事業者の存続は不可欠であり、利用者の満足と事業者の利益確保のバランスがこの事業の鍵を握っていると言えるでしょう。

　この課題を解決するために事業者側でもさまざまな工夫を行っています。その1つがICTの活用です。介護保険制度では、「オペレーター」と呼ばれる、利用者からの通報を受け随時訪問のスケジュール調整を行う職員を配置します。通報を受ける設備として、介護保険法に定められた下記要件を満たす機器を導入する必要があります。

　①利用者の心身の状況等の情報を蓄積することができる機器等
　②随時適切に利用者からの通報を受けることができる通信機器等
　③この機器を利用者に配布する

事業者は機器を自由に選べます。利用者に配布する機器としては、利用者が簡単に操作できる、必要最低限の通話機能をもつものが主流ですが、TV電話を活用する事業者も存在します。
　通話機能のみの機器よりもTV電話のほうが導入コストがかかりますが、なぜあえてTV電話を選ぶのでしょうか。
　その狙いとして、下記の2点が挙げられます。
①利用者の状態を、電話だけでなく画像で確認できる。その結果、利用者本人も気づかない体調変化を把握可能であり、随時訪問が必要か否かの判断材料となる。
②利用者にとって、職員の顔を見て話ができることは安心感につながる。
　随時訪問をいかに的確に行うかが利用者の満足にもつながり、事業者が効率的に事業を行える鍵となります。この意味で、TV電話の活用は事業の難しさを補う1つの解決策になり得るのではないでしょうか。
　それでは、実際にTV電話を導入した事例を2つご紹介します。

(2) ICT活用事例①――モデル事業における事例

１ モデル事業とは

　2012（平成24）年度の制度創設に先駆け、実際に定期訪問や随時訪問を行い、その効果や課題を検証するために、2011（平成23）年度に全国の自治体でモデル事業が実施されました。
　全国52自治体64事業所で行われ、セントケア・グループでも2011（平成23）年11月末から2012（平成24）年3月末の約4か月間実施しました。その中でTV電話の効果が見られた事例をご紹介します。

❷セントケア・モデル事業概要

・対象利用者…10名
・期間…2011(平成23)年11月末～2012(平成24)年3月末(10名の利用者に随時実施)
・導入機器…音声電話3名、TV電話7名

❸TV電話導入事例——有効活用できたケース

1）利用者像

　主疾患：パーキンソン症候群。ご家族と同居
　特　徴：パーキンソン症状のため、薬の効果が切れると体が硬直し動けなくなる、もしくは歩行障害、それに伴う転倒・転落リスクがある。
　　　　　また、薬の効果が切れると情緒不安定になることが多く、過去には周囲の人々や警察等にも電話をかけることが見られた。

2）介護保険サービスの導入目的

・服薬管理を適切に行うことによる、動作を含む体調管理
・体が動かなくなることへの不安感の軽減
・安否確認

3）導入サービス

・定期訪問…毎日1回安否確認
　上記以外にデイサービス、訪問介護を週5回利用されていた。

4）TV電話導入による効果の予測

・TV画面にて体の動きを確認することで、音声通話のみよりも

適切な対応方法を判断できる。
・利用者と顔を合わせてお話しすることで、利用者の安心感につながり不安を軽減できる。

5）結果
(a)コール回数の推移
　期間中、誤報を除いたコール回数は136回です。その推移を見てみると、**図表5-2-1**のとおり、サービス開始時は2週間で25回強のコールがかかってきていましたが（誤報除く）、最後2週間では6回と、約5分の1まで減少しました。

【図表5-2-1】2週間ごとのコール回数の推移

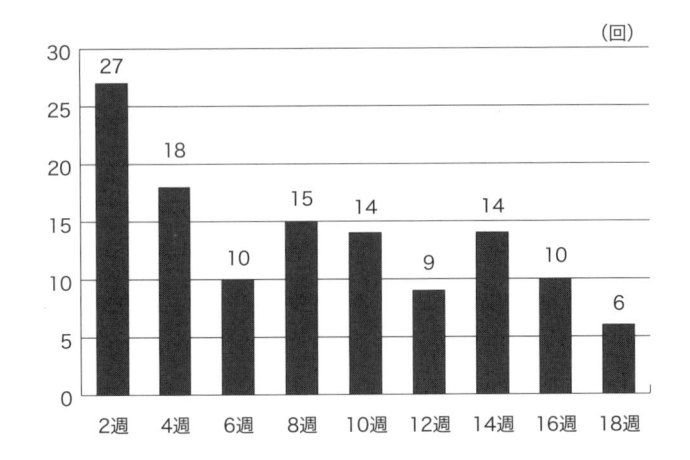

週	2週	4週	6週	8週	10週	12週	14週	16週	18週
回数	27	18	10	15	14	9	14	10	6

(b)随時訪問
　コールのうち、TV画像が随時訪問実施の判断に役立ったケースは40回（32.3％）、うち、TV画像にて状態が確認できたため随時訪問が不要になったケースは33回でした（**図表5-2-2**）。

【図表5-2-2】コールのうち随時訪問実施判断に役立った回数

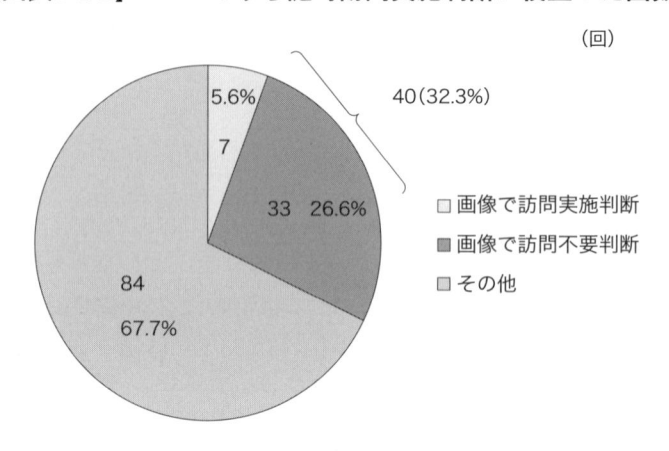

(回)

40（32.3%）
5.6%
7
33　26.6%
84
67.7%

□ 画像で訪問実施判断
■ 画像で訪問不要判断
■ その他

6) 考察

　TV電話の効果について、下記のように考察されます。
(a)適切な対応方法の判断

　TV電話により利用者の状態を画面で確認することができ、的確な随時訪問判断を行うことができました。

　内容としては「体が動かない」という訴えが主でしたが、声掛けにて腕や足を実際に動かしてもらい、その状態をもって随時訪問が必要か、それとも次の定期訪問で問題ないかを判断することができました。もしも通話のみであったと想定した場合、利用者の訴えにすべて応じて随時訪問をすることとなり、本ケースでは7回に過ぎなかった随時訪問の回数は、通話電話のみでは40回（約6倍）に増えていたのではないでしょうか。

　よって、本ケースで、TV画像が適切な対応方法の判断に寄与したと考えられます。

(b)利用者の精神的安定

図表5-2-1のように、コール回数が4か月で約5分の1まで減ったのは、利用者がコールの使い方に慣れたこともありますが、コールに対し事業者が適切な対応を行ったことで、利用者の精神的安定につながったからだと推測されます。

コールの内容についても、導入当初は「動けない」という不安の訴えが大半でしたが、2か月を過ぎた頃から「ちゃんとケアをしてくれてよかった」「お礼を言っておこうと思って」という言葉も聞かれるようになりました。

4 まとめ

ご紹介した事例はモデル事業での1例であり、TV電話を導入した7名全員に効果があったわけではありませんでした。

7名の中には、コールをしない利用者や、必要な場面を理解してコールをし、音声のみの通話で事足りる利用者もいました。ただ、先ほど挙げたようにTV電話だからこそ正しい判断を行える方もいます。

ここから、TV電話の導入において、「どのような様態の利用者にどのように導入をすれば、利用者にとって満足のいくサービスの提供かつ事業者にとっても効率的なサービスを行えるか」を、事業者側がしっかりとアセスメントすることが必要だと言えます。

(3) ICT活用事例②──セントケア巡回ステーション豊島の事例

セントケア巡回ステーション豊島は、制度創設から12か月目の2013 (平成25) 年3月に開設しました。

開設時より見守り携帯を利用者に配布し使用していただいていましたが、"利用者満足の向上""稼働効率の改善"を行うため、2014 (平

成26）年1月よりTV電話の試験導入を開始しました（**図表5-2-3**）。将来的には、この拠点で導入効果の検証を行い、モデルを構築することで、定期巡回・随時対応型訪問介護看護の経営安定を図り、全国へ拠点を増やしていきたいという狙いもあり、始めた試みでした。

しかし、実際の導入にあたっては、事例①とは異なる課題が浮上しました。

巡回ステーション豊島では、もともと利用者に通話機能のみの「見守り携帯」を配布していました。そこに、TV電話を併用で試験導入してもらえないかと利用者に依頼をしましたが、なかなか了承を得ることができませんでした。

利用者から聞かれた理由が、次の2点です。

①新しい機器への抵抗感

見守り携帯は通常の通話機能のみのため使用に対し抵抗感が少なかったが、TV電話は今まで使用したことがなく、機器の必要性よりも導入の抵抗感のほうが強い。

②プライバシーへの抵抗感

TV電話ではお互いの表情が見られるのが利点だが、それ以外の居室の様子も見られることに対し、抵抗を感じる。

当然ながら、事業者側がTV電話を必要だと感じても、利用者が納得しないと導入はできません。

そこで、TV電話が必要と考えられる方やその状況と予測される効果を整理し、"一人ひとりの利用者への効果"について説明することを心がけました。その結果、無事複数の利用者に導入してもらうことができ、目下その効果について検証を行っています。

【図表5-2-3】巡回ステーション豊島で導入している
タブレットとオペレーター用PC

（4）定期巡回・随時対応型訪問介護看護におけるICT活用・今後の課題

　先にご紹介した事例において複数の課題が浮かび上がりましたが、それでも事業者にヒアリングを行うと、TV電話による効果は期待されています。
　その効果は、繰り返しになりますが、次の2点です。
　①利用者にとっての安心、満足につながること
　②介護事業者にとっては、随時訪問の実施可否をより適切に判断できること、それに伴い効率的に運営できること
　利用者のニーズは多種多様で、TV電話が必要な方、逆に通話機能のみでも支障のない方など両方います。

利用者の多様なニーズに対し適切な対応を行うためにも、定期巡回・随時対応型訪問介護看護のツールの1つとして「TV電話」の活用を効果的に組み込むという考え方が大切になってきます。
　ケアマネジャーが利用者のアセスメントを行い必要なサービスを計画・提案するように、本事業においても、事業者が利用者のアセスメントを行い、必要なサービス（ICTソリューションの活用など）を利用者、ケアマネジャーに提案する必要があります。
　ICTは介護現場において、ただ使用するものではなく、利用者の満足のために、また、事業を効率的に行うために"活用する"ものです。事業者側が上手に使いこなし、利用者、事業者双方が満足いくサービスをつくり上げていくことが、今後の定期巡回・随時対応型訪問介護看護事業にとって不可欠となるでしょう。

3 新宿区における ICTの導入と変遷

（1）はじめに

　21世紀に入り、医療の質向上と効率化を目的に、医療の電子化とデータベース化、そして病院と診療所の機能分化と連携が進められました。これは同時に、時代が必要としているチーム医療をも普及させる駆動力となりました。そして、その社会的背景には、医療の進歩と専門化、患者の医療への期待の高まりと多様化、医療の目標の疾患治療からQOL向上へのシフトがあり、この必然的変化は今後も続いていくに違いありません。本節では、新宿区においてICTが導入された経緯とその変遷について述べていきます。

（2）「ゆーねっと」による病診連携

　新宿区では早くより「医療供給体制整備協議会」や「在宅療養研究会」などを通じて、地域連携、在宅医療、かかりつけ医機能の充実に力を入れてきました。ICT化に関しては、1998（平成10）年に新宿区医師会内にOA化検討委員会（後の医療情報化委員会）が設立され、その中で2000（平成12）年に「1患者1カルテ1地域」の理念のもと、病診連携支援システム「ゆーねっと」を導入しました（この事業は、当時の郵政省および通商産業省の「先進的情報通信システムモデル都市構築事業」に採択されました）。

　「ゆーねっと」とは、ASP（Application Service Provider）型の地域共通電子カルテのことで、データベースやアプリケーションの

サーバーは、ある中核病院と新宿区医師会に設置されました。当然のことながら、次の項で述べるさまざまな効用が期待され、一時は２基幹病院と40以上の診療所まで広がりました。しかし、同じ頃山形県鶴岡市でも、「Net4U」というほぼ同様のシステムが導入され、現在まで運営が続いているにもかかわらず、「ゆーねっと」は、インフラが不十分であったこととコストの面などで医師会の意思統一ができず、志半ばで挫折しました。

(3)「SASTIK®」による病診連携

　新宿区においてICT導入が再度検討されたのは、2003（平成15）年、新宿区医師会による病院通院患者約1,000人のアンケート調査でした。そのアンケートは、病診の機能分化と連携を進める目的で行われましたが、1,000人のうち50％がかかりつけ医を持っておらず（**図表5-3-1**）、しかし、その中の55％（全体の27.5％）は、ある条件が整えば、病院から診療所に主治医が移ってもよいというものでした（**図表5-3-2**）。その主な条件とは、①開業医と病院の情報交換があり、データを共有している、②具合が悪くなったとき、すぐに病院で診てもらえる、③具合が悪くなったとき、入院できる、ことでした。

　この結果は病院にとって衝撃的でした。病院と診療所の機能分化、その１つである軽症患者の逆紹介は、27.5％が病院側の努力不足のために、進んでいなかったのです。この結果をもとに、当院では地域連携室の充実、救急部の独立と機能強化に取り組みました。そして、紹介率：40％→50％、逆紹介率：15％→50％という予想以上の成果を生みました。

　次に取り組むべきは、ICTによる情報共有でした。これまで病院

【図表5-3-1】2003（平成15）年新宿区医師会患者アンケート

かかりつけ医の有無とかかりつけ医の希望

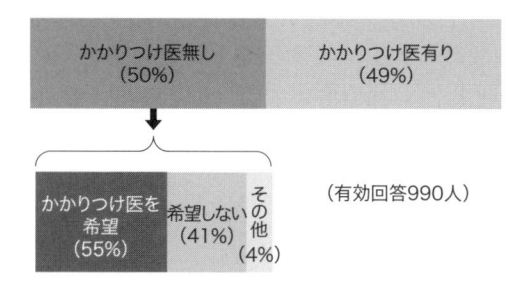

| かかりつけ医無し (50%) | かかりつけ医有り (49%) |

↓

| かかりつけ医を希望 (55%) | 希望しない (41%) | その他 (4%) |

（有効回答990人）

【図表5-3-2】開業医に移る条件

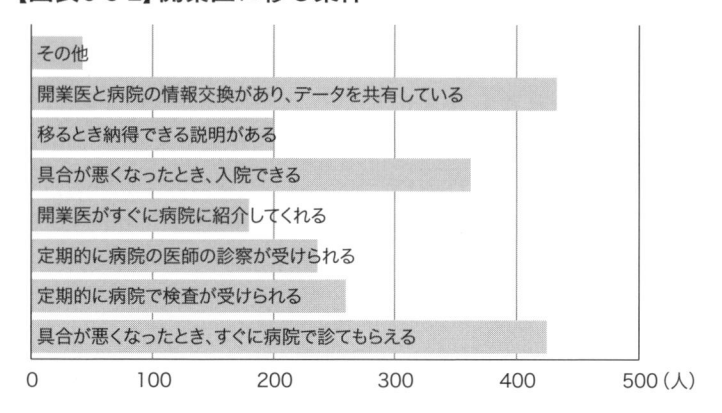

- その他
- 開業医と病院の情報交換があり、データを共有している
- 移るとき納得できる説明がある
- 具合が悪くなったとき、入院できる
- 開業医がすぐに病院に紹介してくれる
- 定期的に病院の医師の診察が受けられる
- 定期的に病院で検査が受けられる
- 具合が悪くなったとき、すぐに病院で診てもらえる

（0～500人）

から診療所へ紹介する場合、診療情報提供書、検査成績のコピー、レントゲン写真を収載したDVDを、紹介先に送付するか患者に持参してもらっていました。この方式は、不十分な検査成績、不正確な服薬内容、不明な患者の入院中のADL・入院中の主治医から患者・患者家族へのI.C.（Informed Consent）・今後の治療方針・併診科の診療情報、場合によっては退院時期や死亡時期が伝わらないなどの多くの問題を抱えていました。つまり、情報の迅速性と正確性、どこ

からでも参照できる機能に欠けているのです。

　これを解決するためにはICTを利用する以外になく、導入すれば、利用者の負荷軽減が期待できました。その方式には①中核病院の電子カルテ閲覧方式、②クライアントサーバー方式、③クラウドコンピューティング方式がありました。どの方式でも、通信速度や情報管理上の安全性は通常の診療内容であれば、ほぼ問題なくなっていましたが、「ゆーねっと」で挫折した経験から、1）コスト、2）医師会の意思統一、3）参加者のITリテラシーの問題を解決する必要がありました。その点、①の中核病院の電子カルテ閲覧方式は、コストが非常に低く、また病院情報の開示のみで、診療所の情報開示はしないという点で優れていました。さらに、新宿区の中でも当院の2次医療圏で顔の見える関係ができている診療所とのみ始める、ITに精通していない人でも容易に使えるシステムを採用することで、問題を解決できると考えました。結局、USB1本でどこからでも閲覧でき、利便性の高い日本ユニシスの「SASTIK®」を2010（平成22）年に採用しました（**図表5-3-3**）。

【図表5-3-3】SASTIK®を使った病院情報の共有

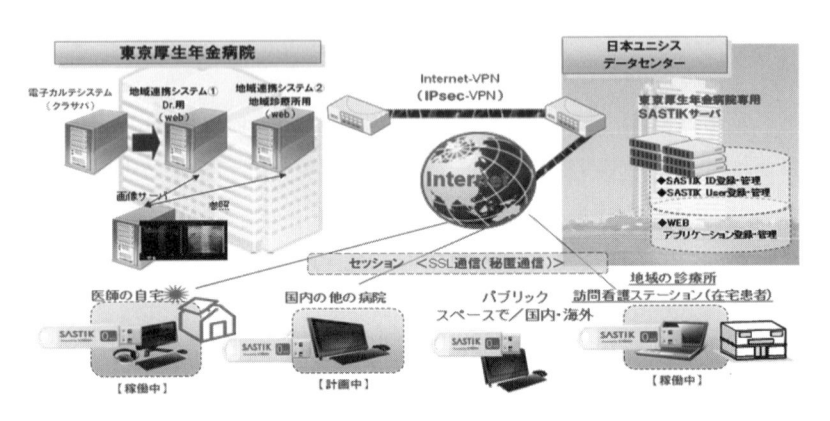

当初は、検査の共同利用（CT、MRI、RIなど）に使用を開始しました。これまで検査の共同利用の患者には、検査後DVDができあがり、放射線科専門医の読影が終了するまで院内で待ってもらっていましたが、「SASTIK®」を使ってからは、検査後直ちに紹介元の医療機関に戻ってもらい、患者が戻るまでの間に、主治医は画像とその読影所見を見ることができるようになりました。また、ほぼ同時に院内のチーム医療の構築に応用しました。夜間・休日は多くの専門医が不在で、当直医（日直医）が診断や治療に悩んだときに、あらかじめ「SASTIK®」を預けている院内の指導医（放射線科、循環器科、整形外科）に相談できる体制を整えました。これはダブルチェックによる医療の質の向上と医療安全に寄与しました。そして、このシステムに慣れてきたところで、地域の在宅療養支援診療所に広げていきました。在宅医療を受けている患者の退院後、診療所主治医が、画像、検査成績、服用薬を確認できるだけでなく、カルテの内容から入院中のI.C.を観取し共有した結果、患者（家族）との信頼関係が強化され、診断から治療のプロセスを見ることにより生涯学習効果が生まれました。これは、地域におけるチーム医療が成立する可能性を示していました。

　さらに、国を超えて医療情報を伝達することができ、海外出張の際に現地のホテル・病院・会議場で、自分の担当患者の情報を確かめることが可能となりました（**図表5-3-4**）。

【図表5-3-4】海外でもSASTIK®は使用できる

ロシア・モスクワの
ウクライナホテルにて

中国武漢の病院にて

　結局、病院の情報を開示することにより、さまざまな効用を証明することができましたが（**図表5-3-5**）、在宅療養の場合、入退院を繰り返すことが多く、その間に段階的にADLが低下し、病状も変化するので、退院後には多職種による双方向のコミュニケーションツールの必要性を感じました。

【図表5-3-5】SASTIK®の8つの効用

①調査（CT、MRIなど）共同利用の簡素化
②紹介患者の入院・外来経過の把握
③病院と診療所の方針（I.C.）統一
④患者の最新の医療情報の入手
⑤患者の退院時期の予測
⑥夜間や休日における院外指導医のサポート
⑦外国での医療情報参照
⑧重複検査・投薬の回避

　それを強く実感したのは、多職種が参加するメーリングリストにより、情報の共有、現状の把握、病態の予測、治療方針の確認を行い、がん終末期の患者を在宅から当院一般病床へ、さらに緩和ケア病棟へとスムーズに移行でき、患者およびその家族だけでなく参加者の高い満足度を得られた症例を経験してからです。

　しかし、電子メールは医療情報の管理上安全性に問題がありました。そのようなときに、2011（平成23）年「在宅医療・介護連携事業に伴う実証調査研究事業」が厚生労働省老人保健健康増進等事業に採択されました。

（4）ポータブルデバイスとグループウェアを用いた多職種連携

　この実証研究事業の参加者は、新宿区四谷支部と牛込支部の診療所（東京厚生年金病院の2次医療圏）、訪問看護ステーション、ケアマネジャー、東京厚生年金病院です。コミュニケーションツールとして、タブレットを用い、グループウェアの1つである「KDDI Knowledge Suite」を利用しました。病院情報の共有は「SASTIK®」によって行いました（**図表5-3-6**）。

【図表5-3-6】SASTIK® を利用した多職種連携による実証研究事業

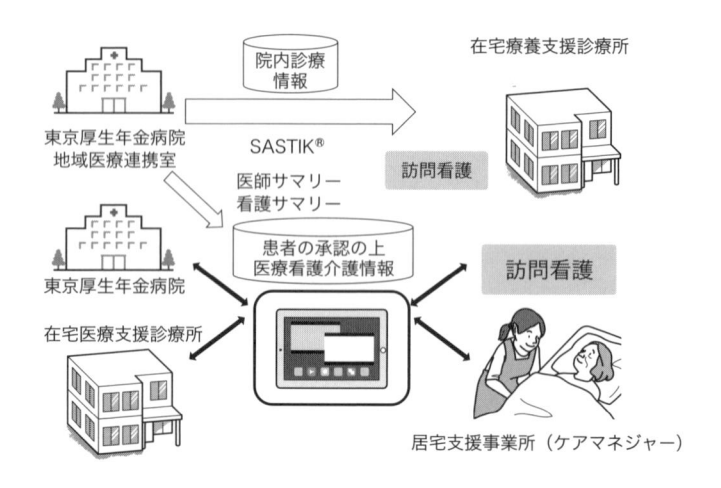

　このシステムにより、双方向のコミュニケーションが可能となったため、病院に入院してきた患者の在宅におけるADLやI.C.を入手できるようになりました。また、静止画像や動画による情報伝達が可能となったため、患者宅に行かなければ閲覧できなかった連絡ノート、人工呼吸器の設定、経管栄養の進み具合、褥瘡の状態などがどこでも見られるようになり、さらに医師が患者宅に出向かなくても、訪問看護師からの画像提供で、緊急時の遠隔対応ができるようになりました。
　もちろん、患者（家族）、医療・介護従事者のスケジュール管理は容易になりました。また、なかなかリハビリテーションが進まない在宅患者に、リハビリテーションをしている姿を録画し見せることにより発奮し、さらにADLが向上するという予想外の効果が生まれました。そして、何より参加者の絆が強くなった（特に医師とそれ以外の職種）という感想が多く寄せられました。

以上の研究事業の効用を**図表5-3-7**にまとめましたが、これは多職種が患者のQOL向上という共通の目標を持ち、チーム医療・介護ができあがったことを示していました。

【図表5-3-7】タブレットの７つの効用

```
①情報共有ノートや患者の現状の把握
②人工呼吸器の設定、経管栄養の状況の把握
③薬物・物品管理
④スケジュール管理（医療従事者、患者）
⑤緊急時の対応
⑥在宅リハビリテーションへの応用
⑦参加した医療・介護従事者の絆が深まった
```

　これほど素晴らしい効果が実証されたにもかかわらず、厚生労働省の補助金が無くなった後のコストの問題と、元々医療用には作られていないことによる操作の煩雑性のため、継続が困難となりました。
　そこで、各人の持っているデバイスでも参加可能で無料のグループウェア「サイボウズLive」で代用し、2013（平成25）年も医療・看護・介護のICTによる連携を続けることになりました。

（5）「サイボウズLive」による多職種連携

　操作がシンプルでかつ使用料無料で、PC・スマートフォン・携帯電話でも参加可能な「サイボウズLive」を使うことにより、参加職種が歯科医、歯科衛生士、介護職、訪問栄養士、理学療法士まで拡大しました。**図表5-3-7**と同様の効用はもちろんのこと、同じグループウェアである「KDDI Knowledge Suite」よりも参加職種が増

加したことにより、入院中に行っていた食支援や口腔ケア、リハビリテーションが、ブランクなしに在宅に戻っても続けられることになりました。今後さらにネットワークを拡大発展させ、在宅療養を中心とする地域の医療の質を向上させたいと考えています。

（6）最後に

冒頭で述べたように、病院内、地域にかかわらず、チーム医療は必須となっています。まず電子カルテの導入により、院内のあらゆる職種が同じ情報を共有できるようになったため、情報格差が解消され、多職種の合同カンファレンスや担当科を超えた介入が可能となりました（**図表5-3-8**）。

【図表5-3-8】院内のチーム医療

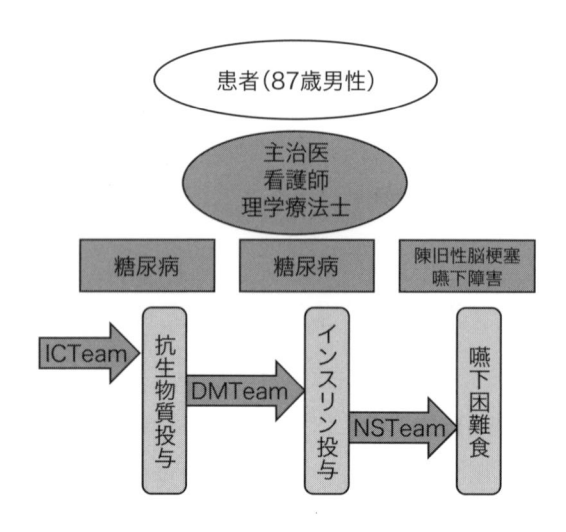

患者（87歳男性）

主治医
看護師
理学療法士

糖尿病　　糖尿病　　陳旧性脳梗塞
　　　　　　　　　　嚥下障害

ICTeam → 抗生物質投与
DMTeam → インスリン投与
NSTeam → 嚥下困難食

そして、カンファレンスの主目的が、情報共有から議論や調整にシフトしました。一方、地域において、多職種によるチーム医療を行うことは、これまで極めて困難でありましたが、新宿では「SASTIK®」とグループウェアを組み合わせることにより（情報共有にコミュニケーションツールが加わり）可能となりました。その結果、院内でも地域におけるチーム医療の重要性が認識され、退院前カンファレンスの参加職種が増加しました（**図表5-3-9**）。

【図表5-3-9】東京厚生年金病院における退院前カンファレンス参加者の変遷

2008年
患者家族
病院主治医
病院担当看護師
診療所医師
ケアマネジャー
訪問看護師

→

2012年
患者家族
病院主治医
病院担当看護師
診療所医師
ケアマネジャー
訪問看護師
病院ソーシャルワーカー
訪問歯科医
デイサービス相談員
サービス提供責任者
福祉用具専門相談員

　しかし、強力ではありますが、ICTはあくまで連携のツールに過ぎず、参加者の間に顔の見える関係と目標の共有がなければ、チーム医療は成り立ちません。ICTさえ導入すれば、地域のチーム医療が成立すると考えるのは誤りであり、多職種による地域カンファレンスや勉強会の開催（**図表5-3-10**）が不可欠です。また、地域包括ケアの概念が、自助・互助・共助・公助で成り立つ以上、今後は地域のコミュニティや住民の参加が必要となるでしょう。その先には、EHR（Electric Health Record：電子健康記録）を用いて、住民によ

る住民のための健康管理が可能となっているに違いありません。

【図表5-3-10】新宿区における多職種による地域カンファレンス

居宅介護支援専門員との交流会
つながろう！介護と医療

暮らしの保健室
地域の中でエンドオブライフを支える

新宿食支援研究会
デイサービスにおける食支援

在宅患者を支える会
新宿牛込地区における在宅医療連携

4 最先端の在宅医療ICTソリューション

　医療法人社団鉄祐会祐ホームクリニック、ここは2010（平成22）年1月、東京都文京区に在宅療養支援診療所を、翌年9月には被災地宮城県石巻市に在宅療養支援診療所を開設されたところです。この開設者たる武藤真祐先生は、在宅療養支援診療所の開設だけではなく、在宅医療を中心とした超高齢社会の社会システムの創造を目指し、一般社団法人高齢先進国モデル構想会議を設立されています。また、内閣官房IT総合戦略本部新戦略推進専門調査会医療・健康分科会構成員、総務省ICT超高齢社会構想会議構成員、厚生労働省緩和ケア推進検討会構成員等を務められ、積極的に在宅医療の現場にICTソリューションを導入されています。今回、そこの事務局長である園田愛氏に話を聞くことができましたので、報告いたします。

【図表5-4-1】在宅医療体制確立にむけICTシステムを構築

- 在宅医療のオペレーション改善のための「電子カルテ」「ロジスティクス」「連携システム」といった在宅医療に必要な業務を、クラウドシステムで一元的に連動して、支援する仕組みを構築した
- カルテの入力を補助するディクテーションの仕組みを構築した
- 上記のシステムを活用して、在宅医療のベストプラクティスを実現する

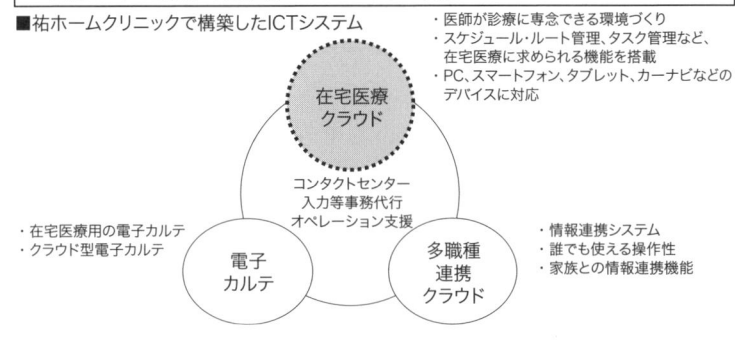

■祐ホームクリニックで構築したICTシステム

在宅医療クラウド
- 医師が診療に専念できる環境づくり
- スケジュール・ルート管理、タスク管理など、在宅医療に求められる機能を搭載
- PC、スマートフォン、タブレット、カーナビなどのデバイスに対応

コンタクトセンター入力等事務代行オペレーション支援

電子カルテ
- 在宅医療用の電子カルテ
- クラウド型電子カルテ

多職種連携クラウド
- 情報連携システム
- 誰でも使える操作性
- 家族との情報連携機能

出典：武藤真祐「スマートプラチナ社会推進会議–資料」

図表5-4-1は、総務省のスマートプラチナ社会推進会議で武藤真祐先生が説明に使用された資料の中で、祐ホームクリニックが構築されたICTソリューションとして説明された図の一部です。以下、本節では祐ホームクリニックの説明をするのにこのスマートプラチナ社会推進会議で武藤真祐先生が説明に使用された資料を用いさせていただきます。

　まず、祐ホームクリニックのICTソリューションで、実際的でかつ極めて優れている点は、医療機関間の情報連携ネットワークと介護事業所との多職種連携ネットワークを分けて作られていることです。『「病院×診療所」「診療所×介護事業者」という2つの情報共有のループがあると思うからです。』は、2013（平成25）年11月7日のJISAコンベンションでの武藤真祐先生の言葉です。筆者は本書で、共通言語の重要さを主張してきました。祐ホームクリニックの事例では、これを2つのネットワークにされたのです。

　ICTソリューション設計での大いなる勘違いは、すべての情報が一元的に共有化されれば良いと考えることです。しかしながら、すべての情報を記載した100ページのカルテを読むことができると思われますか？　情報は多すぎては、ゴミになってしまうのです。見ることは叶わなくなるのです。そこで、祐ホームクリニックでは、医療分野情報と生活分野情報を別々のループに分けて、その接触点に祐ホームクリニックを置かれたのです。園田事務局長によれば、これを「8の字ループ」と呼んでいるそうです。病院に、生活情報や介護情報を必要以上に大量に渡すと、結局、共有化しておく必要のある重要な医療情報すら見てもらえなくなるのだそうです。これは何も悪意ではなく、「100ページのカルテ」を見て、必要な情報を探すという時間が、多忙な日常業務の中でとれなくなってしまうということなのです。この話を初めて聞いたときには、さすが実践で

ICTソリューションを進化させていると感じました。

　ここで、重要なのは２つの情報ループが独立してそれぞれあるのではなく、８の字として接点があるということです。さらに重要なのは、この接点にどちらの情報ループの言葉も分かる組織を置いていることです。祐ホームクリニックのICTソリューションでは、ここに祐ホームクリニック自身を置きました。医療の世界は、専門性が高く、医師教育で６年、看護師教育でも今では４年が主流になっています。しかも、国家資格なのです。よって、この医療側の情報ループを理解するには医療の専門知識が必要になります。しかし、医療側はその専門性の高さゆえに、病院などの高い専門性を求められる組織に、それ以外の知識を要求することは困難になります。このため、医療側でこの８の字ループのハブになるのは、在宅療養支援診療所かもしくは訪問看護ステーションになると考えます。

　一方、介護側のループのハブになるのはどこでしょうか。介護だけを考えれば、ケアマネジャーなのでしょう。しかし、これからの情報共有は、医療と介護の８の字ループでなければならないのです。こう考えると、専門性の高い医療の知識のほうが大きなハードルになるため、生活や介護が理解できる医療専門職ということになります。このことから、祐ホームクリニックでは、在宅療養支援診療所としたのです。今後で言えば、訪問看護ステーションか、あるいは地域包括ケアシステムで登場が期待されているソーシャル・コミュニティ・ナース機能なのでしょう。

　次に重要なのは、情報量を絞り込むことです。いくら言語の共通化に気を配っても、人が処理できる情報量のことを考えなければ意味はありません。脳科学的に見ると、人間が情報を得て瞬時に比較判断できる項目数は最大７だそうです。聖徳太子が、７人の話を同時に聞いて、同時に判断したとの伝説も、実はこんな人間の能力を

第５章　事例紹介――最先端の現場から

経験知として理解していたのかもしれません。園田事務局長の言葉を借りれば、「ぐっとこらえたミニマムの項目に、各サービスや職種の特徴に応じてオプション項目を追加する」のだそうです。

【図表5-4-2】入力代行によりシステム活用の
　　　　　　　メンタルバリア払拭につなげる

紙媒体で共有されていた既存の在宅訪問記録・介護ノートなどの画像情報を判読し、チームケアで共有すべき共通指標・メッセージ・掲示板の該当箇所への情報入力を補助する。

■ICTサポーターの役割

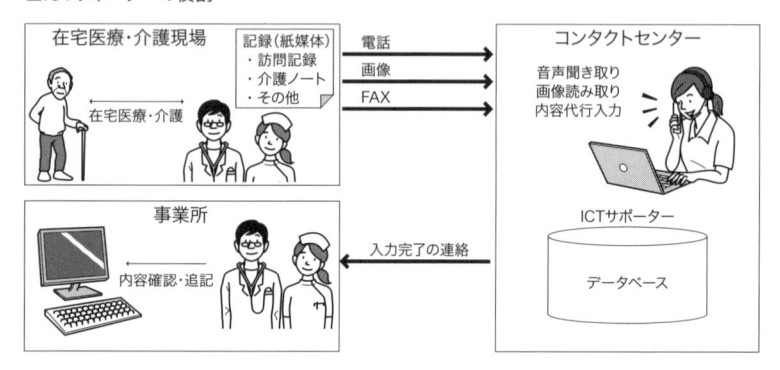

出典：武藤真祐「スマートプラチナ社会推進会議−資料」

　祐ホームクリニックでは、さらに現場スタッフのICTリテラシーや、業務に費やす時間のことを考慮しました。いかに優れたシステムを用意しても、「入力のラスト1 mileを突破することがICTソリューション活用の重要なポイント」とは、前述の園田事務局長の言葉です。**図表5-4-2**は、その工夫であるICTサポーターとのことを説明したものです。

　ICTサポーターとは、キー・ボードによる入力を専門に効率的に行うことができるパンチャーのことです。このICTサポーターが、医療現場からの電話やFAXからシステムへ、PCのキー・ボードから直接入力することになったのです。

「現場オペレーションは、大きくは変えない」、これも園田事務局長の言葉です。すなわち、現場でそれぞれ自分たちなりの書類に記入していたものを、突然変えることなく、ICTソリューション側に入力機能を付けたのです。このICTサポーターは、人件費の増加となっています。しかしながら、医師など時間単価の高い専門職に、苦手な入力などをやらせるよりもはるかに効率的で、その時間を専門職は本来のサービス提供に充てることができることにより、組織としての生産性は向上したことでしょう。さらには、祐ホームクリニックでは、音声認識による自動入力や、医師だけではなく介護分野へのICTサポーター機能の開放などの試みに着手しています。ICTリテラシーに対する対応策として、時間のかかる教育やシステムの高度化ではなく、ICTサポーターという方法もあることは、まさに「目からうろこ」の試みです。

図表5-4-3は、祐ホームクリニックの実体験から「在宅医療・介護情報連携の課題と対策」として整理されたものです。
大項目としては、
　1. システム標準化
　2. コスト負担
　3. セキュリティ
　4. 患者同意
　5. 運営体制
　6. 入力負荷
の6つが挙げられています。

1の「システム標準化」は、共通言語の次の問題として地域社会全体でICTソリューションを使用する際には重要な課題となります。すでに、電子カルテシステムや、介護分野のアセスメント・システムなど多くのICTソリューションが現場には導入され、さらに多く

【図表5-4-3】在宅医療・介護情報連携の課題と対策

	課題	必要な方策
1 システム標準化	・標準規格対応型のシステムが多く存在し実運用されている ・システムの組み込みや改修に対する現場の負担が大きい ・現状は、開発業者に標準化のメリットがない	・既存システムを標準規格に対応させるための変換機能を有した標準化モジュールを開発・提供する ・病院・診療所・薬局・介護施設等の各事業所が共有すべき情報項目を定義する ・新規構築ではなく、すでに成功しているモデルの拡大策を強化する
2 コスト負担	・最高峰のシステム、ネットワークの構築がコスト・オペレーション負荷よりも優先される ・各地・各連携ネットワーク構想ごとに開発が行われている ・参加機関の情報連携ネットワークへの参加メリットが見えにくい	・現場目線で必要な最低限の機器・システム構成で小さく始める(合わせて拡張性をもたせニーズや規模への対応を柔軟にする) ・基盤を共通化し重複投資や維持費用の低減を図る ・自治体・利用者・参加医療機関等それぞれの負担を設定し要請する ・ネットワークの利用にインセンティブを付与する
3 セキュリティ	・モバイルなど無線通信を利用する際のセキュリティについて、医療・介護事業者における統一基準がない ・在宅医療・介護の現場にとって遵守すべきセキュリティレベルとそれに伴う投資負荷が大きい	・無線通信を利用する際のセキュリティについて、医療・介護事業者における統一基準を定め運用する ・現場負荷を考慮したセキュリティレベルの見直し
4 患者同意	・患者がかかった医療機関・薬局などが順次増えた場合やかかりつけの機関が途中からEHRに参加するようになった場合など、さまざまな変更可能性があるなか、同意の取り直しは、患者と家族、事業者の負担を大きくさせている	・患者の情報をどの期間で利用可能とするかという開示対象範囲の設定に当たっては、患者自身が把握し、かつ負担がなるべく少なくする効率的な手法を選択するべき ・具体的には医療・介護情報ネットワークへの参加には、参加期間ごとの情報でなく、包括同意が効率的であり現実にそっている
5 運営体制	・在宅医療・介護の連携推進事業主体は地域によってさまざまである ・情報共有システム利用に当たっては「顔の見えるネットワーク」のもとで適切な立ちあげプロセスが必要	・地域の実情に応じた情報共有システムの効果的な導入方法や運営管理の組織・体制のあり方、管理項目、管理方策などについて示すべき ・想定される情報システム利用環境整備の手順を標準化し、必要な手続きを確立する
6 入力負荷	・システムを使い慣れていない事業者が、システム入力を負担と感じている ・時間がない中での訪問現場でのタブレット入力が負荷が大きかった ・共通システムに対して、二重入力を行わなければならない	・使い慣れたデバイスでの入力ができるように、マルチデバイスの対応を行う ・入力運用の適正化により、必要な情報を必要なタイミングで入力出来る運用を構築する ・入力代行者を設置して、複数の方法で共有情報を代行入力出来るようにする

出典:武藤真祐「スマートプラチナ社会推進会議−資料」

のシステム・ベンダーが存在する現状では、非常に重要な問題です。ただし、ここは国が中心となって最低必要な情報や通信プロトコルなどの調整を始めている分野でもあります。

　2の「コスト負担」ですが、とかく工学博士たちは「最高で最良だと勘違いした高度で複雑な機能」を提供したがります。しかし、業務時間も費用も限られる以上、まさに現場目線での機能設計が必要なのです。また、巨額の財政赤字を抱えた日本において、次世代や次々世代に負担を押し付けることにも限界があってしかるべきです。

　3の「セキュリティ」ですが、今後ますます重要になるには違いないでしょう。今後で言えば、DNA情報など個人情報としての最高度の機密情報も入ってくるかもしれません。しかしながら、セキュリティ投資は、上を見れば切りがないものです。ここは、先ほどの8の字ループなど、セキュリティ・レベルを分けたループの設計など、さまざまな方法でコストを下げる工夫も重要になってきます。

　4の「患者同意」については、国の整備が待たれる問題であると共に、ICTの進化が期待されます。個人情報保護法の成立から、病院にて名前を呼ばず番号で呼ぶような過剰反応も見られました。しかしながら、在宅での医療や介護においては、患者情報の日常的な共有化は必須であり、その利用ごとに患者の同意を得るのは現実的ではありません。このため、目的を明確にし、使用をその範囲に限定したICTソリューションにおいては、そのICTソリューションへの参加者に対し包括的に同意を得る方法が現実的です。このような同意取得の方法につき、基本的なルールを行政で整備することが望まれます。

　5の「運営体制」についてですが、すでに現在においても乱立状態です。ICTソリューションのベンダーが多様にあることは望まし

いことですが、機密情報を扱うため、管理方法などについては、その基本ルールの構築が必要でしょう。

　6の「入力負荷」ですが、ここにICTソリューションが普及しない大きな理由がありました。このため、祐ホームクリニックではICTサポーターなるものを整備しました。すなわち、医療・介護現場のスタッフではなく、入力専門のスタッフを付けることにより、現場スタッフの負担を軽減しました。

　筆者としては、祐ホームクリニックがICTソリューションを実際の現場で使用しつつ、その結果を踏まえて出してきたこの6つの課題、そしてその解決策に敬意を持って報告させていただきました。

第6章

4つの極意
──成功への最終手引き

1 ICTソリューションの開発と導入の極意

　この章では、今までの総まとめとして、ICTソリューションの開発と導入の極意をまとめましょう。

　まずは、極意の前提となる開発の基本事項が下記です。

第一条：ICTソリューションの前提となる、そこで使用する共有言語を発明する（見出す）
第二条：ICTソリューションの財源（効果が期待されるコスト削減分）を確保する
第三条：現場業務の改善についても、同時に進める
第四条：ソリューションの対象となる真の原因分析を必ず行う

　それでは、極意を示しましょう。次の枠内が極意の4か条です。

第一条：現場の業務、介護・看護分野の専門的知見、ICTのすべてに知見を持った人間を、開発プロジェクト・チームに入れること
第二条：現場人間と一流の専門家を交えた開発チームを組成すること
第三条：介護・看護分野のICTソリューションの目的は、あくまでお客様へのサービスを第一に考えること
第四条：ICTソリューションは、その開発が目的ではなく、業務改革もしくは業務改善こそが目的であることを銘記すること

それでは、それらを実現するための極意を整理してみましょう。
　ただし、極意とは、本書で主張してきた標準化とは異なり、誰でもが行うべきことではなく、筆者の体験から得られた知見で、成功のための個別ポイントです。このため、極意とはすべての開発チームや、開発プロジェクトに適応されるわけではないことは銘記願います。この極意は、筆者というプロデューサーがいて機能したものであり、浅学菲才ではありますが筆者もしくは筆者と同等以上の能力を持つ者がプロデューサーの位置にいない場合、その極意を機能させるにはさらなる工夫が必要ということです。

（1）極意 - 第一条
現場の業務、介護・看護分野の専門的知見、ICTのすべてに知見を持った人間を、開発プロジェクト・チームに入れること

　欲張って言えば、この人材がプロデューサーとしての能力を持っていると理想的です。ICTソリューションを発明し、現場業務の改善をも行うためには、双方の分野どちらにおいても発明を可能にするレベルの1人の人材がいればベストです。しかし、それが可能でなくとも、双方の分野個々にそれぞれ発明できるレベルの人材がいれば、加えて双方の人材の言葉が分かりプロデュースできる人材がいればよいのです。映画や大河ドラマは、監督と役者という専門家がいてもリーダーはプロデューサーです。プロデューサーは、それぞれの分野の専門家ではなくとも、最終の作品像をイメージできる人間であり、専門家をメンバーとしたチーム編成ができる人間なのです。ICT分野では、『ドラゴンクエスト』や『ファイナルファンタジー』などの巨大ゲームがありますが、まさにこのリーダーはゲームとしての娯楽性にも、プログラミングにも双方に知識を持ち、最終のイメージを描ける人間なのです。

第6章 ――― 4つの極意――成功への最終手引き

（2）極意・第二条
　現場人間と一流の専門家を交えた開発チームを組成すること

　ICTソリューションの開発には、業務改善が不可欠です。また、ICTソリューションは、現場への導入が最大の課題になる場合も少なくありません。このため、現場の中に『十二人の使徒』を作ることが円滑な導入には重要になります。キリスト教における『十二使徒』は、キリストの教えを、神の教えを伝えることに命をかけていました。ICTソリューション導入においても、十二人の使徒にICTソリューションを信奉させねばなりません。あるいは、ICTソリューションを実の子どもの様に思わせねばなりません。そのためには、生み出すとき、開発をするときにそのチームに十二人の使徒となる人材を入れることが重要なのです。また、各メンバーに発言をさせ、意見を言う機会を与えることが、この極意の肝(きも)ともなるのです。溝尾朗先生が、第5章第3節で述べられた「強力ではありますが、ICTはあくまで連携のツールに過ぎず、参加者の間に顔の見える関係と目標の共有がなければ、チーム医療は成り立ちません」という言葉も肝に銘じ、使用者間の関係構築を開発段階から考慮しておくべきでしょう。

　次にこの極意の重要なポイントは、一流の専門家を入れることです。介護や看護の業界には、なぜかカリスマ的な専門家が存在します。1つは、業務改善における経験値だけではなく、その分野の高い専門性から業務の進化を促せること。1つは、専門職は優れた専門家と一緒に働けることを誇りに思うからです。補助的な極意としては、開発したICTソリューションに関する本を書く、あるいは学会で発表するなどもあります。

　この極意の第二条は、すべてのケースにおいて必須となる普遍的な極意であると、筆者は考えます。

(3)極意・第三条

介護・看護分野のICTソリューションの目的は、あくまでお客様へのサービスを第一に考えること

極意の第三条は、プロジェクトのゴールの考え方です。

介護・看護分野の現場スタッフのESP診断（株式会社プロモーションが提供する採用や育成のための人材タイプを判定する手法、能力、性格、耐性などを幅広く評価したもの）の結果を見ると、その特徴は野心が少なく、協調的でお客様寄りにすべてを考えることでした。たとえば、**図表6-1-1**は、筆者が介護分野の大学での授業で教えた資料です。

【図表6-1-1】効率経営の目的

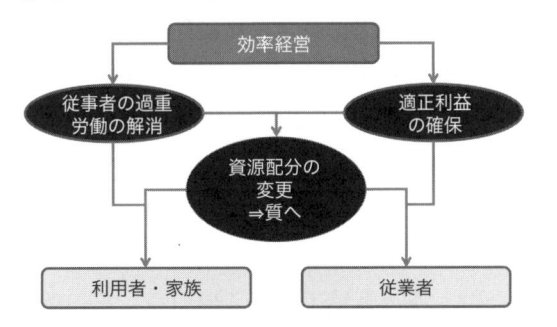

```
            効率経営
      ┌───────┼───────┐
従事者の過重            適正利益
労働の解消             の確保
      │    資源配分の    │
      │     変更       │
      │    ⇒質へ       │
      │               │
   利用者・家族        従業者
```

この分野の多くの人間は、儲けることよりも、革命を行うことよりも、進化させることよりも、高齢者に接する時間を大事にするのです。よって、図表は「効率経営」の目的を教えたのですが、その目的を「従事者の過重労働の解消」と「適正利益の確保」とし、その結果生まれる金銭や時間の余裕を「質」への資源配分することと教えました。

ICTソリューションの開発プロジェクトにおいては、リーダーや

経営者は「経営の効率化」を言い過ぎないことです。むしろ、「直接的な目的は質の向上です」と言い切るべきと考えます。労働負担の軽減は、一見、妥当そうには思えますが、実は成果を感じることは簡単ではないと考えます。ICTベンダー側は、簡単に負担軽減が実現できると考えがちですが、煩雑な業務の中で新たなICTソリューションを導入して労働負担の軽減を実感するまでに持っていくことは簡単ではありません。一方、この実感がなければ、ICTソリューションの導入は円滑には進まないのです。このために、直接的な目標は「質」の向上を掲げたほうが良いと考えます。

(4) 極意・第四条
ICTソリューションは、その開発が目的ではなく、業務改革もしくは業務改善こそが目的であることを銘記すること

最後にこの第四条の極意は、本書の最大の主張です。

ICTソリューションのみで問題の解決を目指さないことです。ICTソリューションが導入されれば、当然にして業務フローは変わります。ICTソリューションの開発は、業務改革もしくは業務改善を行うためにこそ行うべきものです。業務が複雑になったり、手間になったりしては、本末転倒です。この点を、常に意識することが最大の極意でしょう。

具体的には、ICTソリューション開発における半分程度の時間は、業務改革、業務改善のための開発に時間をかけるべきでしょう。もちろん、ICTソリューションの開発と同時に、その開発の中で考えることがベストですが、そのためには先ほどのプロジェクト・チームの組成が重要になってくるのです。重ねて言いますが、今のICTソリューションでは人間が行ってきた業務のすべての代替は不可能です。よって、ICTソリューションはあくまで、業務改善もしくは

業務改革のためのツールとして考え、業務改善をこそ起こすべきなのです。

最後にヒントとして、業務における標準化の意味、標準手技で得られるものを**図表6-1-2**で整理しました。

【図表6-1-2】標準手技で得られるもの

- 品質保証
- 資源の無駄遣いの排除
- 個々人の技量向上
- 技術革新
- 安定経営
- サービス供給の維持

　業務において、標準手技を開発できれば、個々人の技能が向上し、事業体としての品質が保証されます。また、標準手技はデータを数値化できる可能性を大幅に上げるため、ICTソリューションによりデータが蓄積され、結果として技術革新を促します。さらに、標準化により数値化できた業務は、資源配分の効率化を促し、サービス供給の維持に資し、結果として安定経営を生むことになるのです。

　業務の標準化が行われることにより、ICTソリューションは技術革新を生み出し、経営管理に大いに資するようにもなるのです。ICTソリューションの開発は、業務の標準化＝業務改善とセットになってこそ、機能することを本書の最後の主張といたします。

● 著者略歴

岡本　茂雄 (おかもと　しげお)
セントケア・ホールディング株式会社医療企画本部本部長・執行役員

東京大学卒業後、株式会社クラレにて介護ショップの事業化、株式会社三菱総合研究所にて老人保健計画の策定、明治安田生命保険相互会社にてケアプラン・ソフトの事業化や特定保健指導の事業化などを手掛ける。2007年からは、セントケア・ホールディング株式会社にて訪問看護事業を担当、日本最大規模の訪問看護ネットワークを構築。さらに、訪問看護専用アセスメントの開発、上乗せ・横出しの画期的な少額短期保険を事業化。経済産業省の委員などを務め、ロボット開発をも手掛け現在に至る。

《執筆・取材協力》（敬称略）

村田絵理沙 (セントケア・ホールディング株式会社医療企画本部事業開発部主任)
第5章第1節「介護経営管理サポートシステム『Suisui』導入事例」執筆

牛島美恵子 (セントケア・ホールディング株式会社医療企画本部事業開発部課長代理)
第5章第2節「定期巡回・随時対応型訪問介護看護におけるICT活用事例」執筆

溝尾　朗 (JCHO東京新宿メディカルセンター〔旧東京厚生年金病院〕内科部長)
第5章第3節「新宿区におけるICTの導入と変遷」執筆

園田　愛 (医療法人社団鉄祐会祐ホームクリニック事務局長)
第5章第4節「最先端の在宅医療ICTソリューション」取材協力

●表紙デザイン／梅津幸貴
●編集協力／(株)東京コア
●本文DTP／(株)ワイズファクトリー

介護福祉経営士　実行力テキストシリーズ8
導入から開発、ソリューションまで
ICTが創造する業務イノベーション

2014年6月22日　初版第1刷発行

著　者　岡本　茂雄
発行者　林　諄
発行所　株式会社 日本医療企画
　　　　〒101-0033　東京都千代田区神田岩本町4-14
　　　　神田平成ビル
　　　　TEL 03(3256)2861(代表)
　　　　FAX03(3256)2865
　　　　http://www.jmp.co.jp/
印刷所　大日本印刷株式会社

ISBN978-4-86439-266-2 C3034　Ⓒ Shigeo Okamoto 2014, Printed in Japan
(定価は表紙に表示しています)

「介護福祉経営士」テキストシリーズ　全21巻

総監修

江草安彦（社会福祉法人旭川荘名誉理事長、川崎医療福祉大学名誉学長）
大橋謙策（公益財団法人テクノエイド協会理事長、元・日本社会事業大学学長）
北島政樹（国際医療福祉大学学長）

（50音順）

■基礎編Ⅰ（全6巻）

- 第1巻　介護福祉政策概論 ── 介護保険制度の概要と課題
- 第2巻　介護福祉経営史 ── 介護保険サービス誕生の軌跡
- 第3巻　介護福祉関連法規 ── その概要と重要ポイント
- 第4巻　介護福祉の仕組み ── 職種とサービス提供形態を理解する
- 第5巻　高齢者介護と介護技術の進歩 ── 人、技術、道具、環境の視点から
- 第6巻　介護福祉倫理学 ── 職業人としての倫理観

■基礎編Ⅱ（全4巻）

- 第1巻　医療を知る ── 介護福祉人材が学ぶべきこと
- 第2巻　介護報酬制度／介護報酬請求事務 ── 基礎知識の習得から実践に向けて
- 第3巻　介護福祉産業論 ── 市場競争と参入障壁
- 第4巻　多様化する介護福祉サービス ── 利用者視点への立脚と介護保険外サービスの拡充

■実践編Ⅰ（全4巻）

- 第1巻　介護福祉経営概論 ── 生き残るための経営戦略
- 第2巻　介護福祉コミュニケーション ── ES、CS向上のための会話・対応術
- 第3巻　事務管理／人事・労務管理 ── 求められる意識改革と実践事例
- 第4巻　介護福祉財務会計 ── 強い経営基盤はお金が生み出す

■実践編Ⅱ（全7巻）

- 第1巻　組織構築・運営 ── 良質の介護福祉サービス提供を目指して
- 第2巻　介護福祉マーケティングと経営戦略 ── エリアとニーズのとらえ方
- 第3巻　介護福祉ITシステム ── 効率運営のための実践手引き
- 第4巻　リハビリテーション・マネジメント ── QOL向上のための哲学
- 第5巻　医療・介護福祉連携とチーム介護 ── 全体最適への早道
- 第6巻　介護事故と安全管理 ── その現実と対策
- 第7巻　リーダーシップとメンバーシップ、モチベーション
　　　　 ── 成功する人材を輩出する現場づくりとその条件